베 테 랑 강 사 의 만 (萬) 인 을 만 (滿) 족 시 키 는

만 / 만 / 한

취 업 면 접 특 강

만(萬)만(滿)한 취업면접 특강

발행일 | 2019년 03월 05일
인쇄일 | 2018년 01월 24일

저자 | 신혜련
발행인 | 박영일
책임편집 | 이해욱

편집진행 | 문성준
표지디자인 | 김도연
본문디자인 | 양혜련, 윤나라

발행처 | ㈜시대고시기획
출판등록 | 제10-1521호
주소 | 서울특별시 마포구 큰우물로 75 [도화동 538 성지 B/D] 9F
전화 | 1600-3600
팩스 | 02-701-8823
홈페이지 | www.sidaegosi.com

ISBN | 979-11-254-5515-8(13320)

가격 | 14,000원

꿈을 그리고, 꿈을 상상하고,

꿈을 말하고, 꿈을 선포하고,

그 꿈을 현실에서 마주하기를 바랍니다.

PROLOGUE

지금부터 저자는 지니, 그리고 이 책을 읽는 여러분은 취업준비생이 아닌 드리머(Dreamer)로 칭하겠다. 먼저 지니의 의미를 밝혀야겠다. 지니란, 이 책의 저자를 말한다. 요술램프의 요정 지니(Genie)처럼 여러분이 소원하는 취업을 할 수 있도록 도와줄 저자를 말한다. 알라딘이 소원을 빌기 위해 램프를 문지르듯 여러분이 취업을 바라며 이 책을 펼 때 마다 근거 있는 힘을 가질 수 있기를 바라는 마음에서 그렇게 이름을 지어보았다. 또 다른 의미는 지은이의 줄임말이다. 이 책을 손에 들고 취업에 대한 간절함으로 한 장 한 장 넘길 때마다 취업이라는 소원은 여러분에게 다가오리라 믿는다.

만만하지 않은 면접을 「만(萬)만(滿)한 취업면접 특강」으로 모두를 만족시키는 면접이 되도록 하는 게 이 책의 목적이다. '모두를 만족 시킨다'는 것은 드리머를 본 면접관은 물론 그동안 면접을 준비한 드리머 또한 스스로에게 만족하는 것을 말한다.

기존 「취업, 면접의 기술을 잡아라」를 보고 면접을 준비하여 합격했다는 소식을 전해들을 때마다 말로 표현할 수 없는 감동을 받았다. 출간 이후에도 취업컨설턴트로서 활발히 활동 했기에 「만(萬)만(滿)한 취업면접 특강」은 전보다 깊은 노하우와 면접관 중심의 면접전략으로 취업준비에 더 큰 도움이 되리라 생각한다.

- Since 2002! 베테랑 강사의 취업특강
- 인사담당자도 받는 지니의 면접컨설팅
- 교육생이 '개꿀잼'이라고 극찬하는 지니의 취업특강

믿고 듣는 취업특강의 품질을 그대로 담아낸 만만한 취업특강은 네 파트로 나누었다. 만만한 마인드, 만만한 면접 준비, 만만한 면접, 만만한 면접 정리이며 각 파트별로 궁금한 것을 확인할 수 있다. 취업과 면접에 필요한 모든 것을 담아냈다고 해도 과언이 아니다.

지니를 직접 만날 수 없는 드리머도 만만한 취업특강을 통하여 삶의 열정과 자신감을 회복하기를 바란다. 또한 미래를 준비하는 데 필요한 근거 있는 힘을 준비하여 드리머가 원하는 행복한 성공을 마주하기를 소망한다.

God bless you!

여러분의 꿈을 응원하는 지니 **신혜련**

마지막으로 감사한 마음을 전한다. 취업면접 교육에 사명감을 주신 하나님께 감사드립니다. 아내, 딸, 며느리, 엄마로서 이 자리를 감당할 수 있도록 믿고 지지해 주셔서 감사합니다. 그동안 강의와 책을 통해 만난 모든 드리머에게 감사합니다. 행복파트너 (주)시대고시기획에도 감사합니다.

추천의 글

만(萬)만(滿)한 취업면접 특강, 이 책은 꿈과 미래 그리고 소망을 향해 달려가는 미래의 주역들에게 그 첫 관문을 잘 통과할 수 있도록 안내하는 취업과 면접 성공 안내서입니다. 다년간 취업멘토로서의 사명과 열정을 다해온 신혜련 대표의 성공 가이드 북 한 권이면 면접 OK, 취업 OK │ **문정은** 정화예술대학교 미용예술학부 메이크업전공 학과장

취업, 면접이라는 큰 산을 마주한 준비생들에게 자신이 가진 역량을 최대로 보여줄 수 있는 길로 이끌어 줄 수 있는 지침서라 할 수 있다. 같은 대답이라도 더 돋보이게 도와줄 수 있다고 믿어 의심치 않는다. │ **소병욱** 잇츠한불 인사팀장

면접관들이 지원자들의 파일을 보면서 면접을 진행했던 예전과 달리 지금은 블라인드 면접이 주를 이룬다. 짧은 시간 안에 면접관들을 파악하고, 그에 맞춰 나를 효과적으로 Presenting 해야 수많은 경쟁자를 제치고 선두에 설 수 있다. 실전에서 기회는 단 한 번뿐이기 때문에 그 기회를 잡아야 한다. 기회를 잡고자 하는 이들을 위해 취업면접의 퀸 신혜련 대표가 가이드라인을 제시해준다. 2005년에 사회에 첫발을 내딛어 어느덧 관리자가 된 내게 후배들이 물어 본다. "선배님, 면접 준비는 어떻게 해야 하나요?" 풋풋한 대학생활을 뒤로하고 꿈과 열정을 품은 신입사원이 되고자 하는 그들에게 나는 이 책을 적극 권해주고 싶다. │ **박상조** 동국제강 경영전략팀 차장

멈추지 않는 열정의 소유자인 신혜련 대표가 그 동안의 바쁜 강연 및 컨설팅 활동 기간에도 불구하고 이렇게 현장의 생생한 지식을 바탕으로 책을 출간한다고 하니 너무도 반갑기도 하고 다시 한 번 신 대표의 열정에 놀라울 따름입니다. 취업이 너무나도 힘든 요즘과도 같은 시기에 이제 직장인으로 첫발을 내딛을 준비를 하는 취업 준비생들이 취업 준비 시 가져야 할 마음가짐과 향후 인생 설계에 대한 비전을 생각해 보는 기회를 이 책을 통해 갖게 될 것이라고 생각합니다. │ **문진섭** 로지텍 IMC Manager

신혜련 대표님과의 인연은 오래 전 인터넷 쇼핑몰 바가지머리 고객센터의 CS전문 교육을 위탁하면서 시작됐다. 일반적인 CS교육이 아닌 당사 고객센터 직원의 입장에서 여러 가지 고객들의 요구사항을 파악하여 체계적인 CS강의를 준비한 준비성, 전문성 그리고 그 속에 담겨있는 열정을 보며 상대에게 믿음을 주는 전문가라고 생각했는데 이렇게 면접에 관한 책을 펴내심을 진심으로 축하드린다.

이 책은 각각의 상황에 맞게 면접자가 알아야 할 지식과 자세를 알려주고 취업을 준비하는 모든 이들에게 꼭 필요한 필독 도서임을 믿어 의심치 않는다. 이 책 보시는 모든 분들이 취업에 성공하시기를 기원합니다. | **손석호** 그라운드 플랜, 카페바리에, ㈜바리엔유 대표, 바가지머리 대표이사

고등학교 때부터 서로의 성장을 함께 지켜보며 격려하고 기도할 수 있었음이 내게 큰 기쁨이다. 항상 빨리 무엇을 이루려하기보다는 어디를 보고 가야할지 그 방향의 끈을 놓지 않고 늘 겸손하게 배우는 자세로, 때로는 천천히 걷기도 하고 때로는 누구보다 열심히 달리기도 했던 그녀의 삶을 응원할 수 있음이 감사하다. 결코 과하지 않고 진실함이 녹아있는 이 책을 통해 자신만의 매력과 가치를 발견하고 그것을 가장 아름답게 표현할 수 있는 그녀만의 지혜를 배울 수 있길 기대한다. | **이지혜** 전 한국개 발연구원 재정·복지정책연구부 전문연구원

나의 대학생활은 신혜련 대표님의 모티베이션 세션에 참여했던 그 날 전과 후로 나뉜다. 취업은 커녕 대외활동 하나 합격 못하던 내가, 신혜련 대표님으로부터 대학생의 도전에 대한 근본적 고민과 그 핵심 동기를 강의를 통해 전해 듣고서 짧은 시간동안 내 자신을 180도 설레게 바꾸며 9차례 대외활동 지원에 합격률 100%, 그리고 대학교 2학년 2학기 때 외국계 금융그룹 대기업에 인턴으로 입사할 수 있었다.

독립적인 인생을 준비하는 대학생이라면 나 자신의 미래를 위해 이 책으로 준비함이 마땅하다. 나의 미래에 대해 뼛속까지 열정으로 뜨거워지게 만드는 신혜련 대표님의 육성과 노하우가 그대로 글에 담기었으니, 짧은 시간동안 나와 세상을, 그리고 세상 속에 나를 볼 수 있는 기회가 온 것이다. 대학생인가? 그렇다면 무엇을 망설이기에 아직도 책의 커버를 보고 계신가. | **권휘광** BrainNow 최고마케팅경영자

CONTENTS

Part 01
만만한 마인드

Part 02
만만한 면접 준비

Chapter 01 면접 이해하기

Chapter 02 취업목표 세우기

Chapter 03 서류전형 준비하기

Chapter 04 면접 이미지 메이킹

Chapter 05 면접 전날 체크 포인트

CONTENTS

Part 03
만만한 면접

CONTENTS

Part 04
만만한 면접 정리

부 록
만화로 보는 면접 프로세스

EPILOGUE
모든 일에는 메시지가 있다

- 참고문헌
- 신혜련 대표 프로필
- 아이비전 컨설팅 교육 커리큘럼

Part
01

만(萬)만(滿)한
마인드

Chapter
01

만만한 마인드

01. 생각의 틀 전환하기

먼저 퀴즈 하나 풀어보자.

Q 펜을 떼지 말고 직선 네 개를 그려 원 아홉 개를 모두 연결해 보자.

강의 중에 이 퀴즈를 풀어보라고 보여주면 많은 학생들이 쉽지 않다고 하고 정답을 맞히는 학생도 많지 않다. 도대체 직선 4개로 어떻게 원 아홉 개를 연결할 수 있냐고 의아해 하며 고개를 갸우뚱한다.

이 퀴즈는 여러분의 IQ를 테스트하자는 것이 아니라 제목 그대로 여러분의 생각의 틀을 한번 짚어보자는 것이다. 센스 있는 드리머는 제목을 보고 그동안의 생각의 틀을 깨는 데 집중하여 보다 쉽게 정답에 접근할 수도 있을 것이다.

퀴즈를 풀어보기도 전에 정답이 궁금한가? 정답은 책의 뒷부분에 공개돼 있다. 정답이 궁금해 바로 정답을 확인하기 보다는 책에 직선을 직접 그어보며 몇 번의 도전을 통해 답을 도출해 보길 바란다. 정답이 아니어도 좋다. 선을 그으며 이리저리 궁리하고 답을 확인하는 순간 나의 생각의 틀을 알 수 있을 것이다. 그럼, 드리머의 도전 결과를 확인해 보자. 드리머의 도전은 정답인가? 혹은 근접했는가? 이 둘도 아니라면 왜 정답에 근접하지 못 했을까? 정답을 확인했을 때 대부분의 드리머는 정답을 두고 '어? 이거였어?', '직선이 밖으로 나가도 되는 거였어?'라며 반문을 할 것이다. 지니는 직선이 정사각형 틀을 벗어나면 안 된다고 규칙을 세우지 않았다. 그 누구도 말해주지 않은 것에 대해 나만의 생각의 틀로 단정하여 그렇게 접근한 것이다.

첫 번째 퀴즈에 정답에 접근하지 못한 드리머를 위해 퀴즈 하나를 더 내겠다.

Q. 화살 5발을 쏘아서 점수의 총합으로 34점을 만들어 보자.

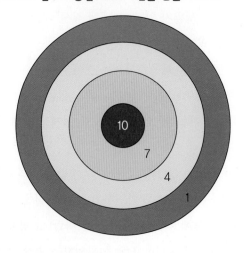

여전히 어렵고 감을 못 잡겠는가? 혹시나 어려워하는 드리머를 위해 이 번에는 힌트를 주겠다. 덧셈만 잘하면 맞출 수 있다. 책의 뒷장에 답이 있 으니 충분히 생각하고 확인하길 바란다. 다시 한 번 말하지만 정답을 맞히 는 것에 목적이 있는 것이 아니라 여러분의 생각의 틀을 알아보는데 의의 가 있다.

과녁에 쏜 화살의 합이 34점이 되기 위한 가장 간단한 방법으로는 3발은 10점에, 한 발은 4점에 그리고 나머지 한 발은 과녁 밖에 쏘는 것이다. 이 번 퀴즈에서 여러분의 생각의 틀은 어디에 갇혀 있었는가? 그렇다. 바로 0 점으로 처리되는 과녁 밖에 쏜 화살이다. 네 개의 점수를 표시한 과녁판이 있기에 당연히 과녁 안에만 화살이 들어가야 한다고 생각했기에 답을 내기 가 어려웠던 것이다. 또 하나 영향을 미쳤을 것으로 보는 것은, 올림픽에서 양궁과 사격에서 10점 쏘며 금메달을 거는 선수들의 모습에 익숙한 우리이 기에 과녁 밖으로 화살이 나가는 0점은 생각도 안 한 것은 아닐까?

생각의 틀을 깨고 그 폭을 넓힐 때 조금은 더 많은 것을 볼 수 있다.

지니는 우리가 가지고 있는 생각의 틀을 고정관념 그리고 선입관이란 단어로 칭한다. 이 고정관념과 선입관은 우리의 성장과정과 사회생활을 통한 경험에서 우리의 뇌 속에 자리 잡은 나름의 생각의 틀을 말한다. 그런데 이러한 생각의 틀은 아쉽게도 긍정적인 것보다는 부정적인 결과를 빚어내는 경우가 많다. 특히나 어떤 일을 도전하거나 하고 싶을 때 시작도 하기 전에 이미 내 머릿속은 부정적인 생각으로 가득 찰 때가 있다. '내가 뭘 할 수 있겠어?', '내가 그걸 할 수 있을까?'라고 말이다. 그리고 그동안 주변 사람들로부터 받은 부정적인 피드백으로 시작도 하기 전에 이미 난 실패한 사람으로 결론을 내놓는 경우도 많다. 그러나 그렇게 미리 부정적인 고정관념과 선입관으로 결론을 내지말자. 도전도 하기 전에 내 생각의 틀에 갇혀 두려워하지 말자. 새로운 일을 도전하기 전에 걱정을 하거나 두려워하지 않는 사람이 과연 몇이나 될까?

내가 만들어 놓은 생각의 틀을 깰 사람은 나밖에 없다. 드리머에게 용기와 힘을 북돋아 줄 수 있는 사람도, 반대로 상처와 좌절을 주는 것도 다른 사람이지만, 다른 사람이 드리머의 부정적인 고정관념과 선입관을 직접적으로 깰 수는 없을 것이다. 그 모든 것들을 극복하는 것은 드리머 자신에게 달려 있다. 지금 이 글을 읽고 있는 순간 부정적인 생각의 틀을 깨지 않는다면 앞으로도 오랜 시간을 못마땅한 자기 모습이나 환경에 대한 자학과 원망으로 허비할지도 모른다.

시작도 하지 않은 일에 대해 부모님이 절망을 안겨 주는가? 혹은 주위 친구들이 비아냥거리며 그걸 네가 어떻게 하냐고 무시하는가? 머리에, 마음에 그런 부정적인 것들을 담아두지 말아라. 이미 여러분의 머릿속은 다른 온갖 걱정과 고뇌로 가득 차있지 않은가? 삶의 무게를 더하지 말란 말이다. 평상시에는 다른 사람의 말을 잘 안 듣다가 부정적인 주제에 대해서는 귀담아 듣는 경우가 많다. 하지 않고 후회하는 것보다는 하고 후회하는 편이 낫다고 지니는 말해 주고 싶다.

본인이 결정한 것에 대한 후회는 본인만이 책임을 질 수 있고 또한 별 미련도 없다. 그 누구에게도 원망의 불씨가 튀지 않는다는 말이다. 주변의 부정적인 시각과 말, 무엇보다도 나의 부정적인 생각의 틀로 하고 싶은 일 혹은 목표로 하는 일을 시작하지 못하고 있는가? 도전에는 용기가 필요하고, 그 용기를 뒷받침 하는 데에는 끈기가 있으면 된다. 이 모든 것들을 실천하는 데 필요한 것은 자신의 생각의 틀을 깨는 것이다. 무엇보다도 앞서 필요한 것은 부정적인 생각의 틀을 깨는 것이다.

하단의 표를 통해 우리가 성격에 있어 일반적으로 생각하는 부정적인 특성을 긍정적인 특성으로 바꾸어 보자.

부정적인 특성	긍정적인 특성
게으르다	
말이 많다	
소심하다	

주변에서 부지런한 사람보다는 게으른 사람을 찾기가 쉬울 것이다. 지니도 부지런하기보다는 게으른 편이다. 게으른 것을 알기에 일을 하고 생활하면서 실수하지 않으려고 부단히 애를 쓴다.

그럼, 우리가 흔히 생각하는 부정적인 특성의 '게으르다'를 긍정적인 특성으로 어떻게 바꿀 수 있을까? 만약 바꾸기가 쉽지 않다면 이렇게 생각해 보자. '게으르다'라는 특성이 다른 사람 특히, 호감이 안 가는 사람의 특성이 아니라 드리머의 특성인 것으로 생각하면 긍정적으로 바꿔 생각하기가 보다 쉬울 것이다. 다른 사람이 '게으르다'라는 것은 느리고 답답한 생각이

들지만 드리머에게 '게으르다'를 적용할 때에는 부정적이기 보다는 합리화하여 긍정적으로 해석하는 경우가 많기 때문이다.

그렇다! '게으르다'를 긍정적으로 해석하여 긍정적인 특성으로 바꾸면 '여유가 있다', '느긋하다' 정도로 바꿀 수 있을 것이다. 주변에 부지런한 사람만 있다면 매우 피곤한 일이 될 수 있다. 때론 매번 서두르는 것에 금세 지칠 것도 같다. 서두르는 사람보다 여유 있는 사람이 위기의 순간에 오히려 더 확실하게 대처하는 경우도 있을 것이다.

두 번째 '말이 많다'는 어떻게 바꿀 것인가? '활발하다', '분위기 메이커' 정도로 바꿀 수 있겠다. 이런 특성의 사람들은 M.T나 워크숍을 갈 때 없어서는 안 될 사람이다. 수다스러운 사람이 있어야 초반의 긴장이 풀리면서 그 분위기도 따뜻해진다. 말은 인간관계에 있어 다리를 놓는 매개체가 아닌가?

세 번째 '소심하다'는 '세심하다', '신중하다' 등으로 바꿀 수 있다. 생각이 깊고 많은 것을 꼼꼼히 따지기에 조심성이 많아 섣불리 나서지 않는 것이다. 우리 사회에는 이런 특성의 사람 또한 꼭 필요하다.

위의 세 가지 중 한 가지는 드리머의 특성에 포함될 것이다. 내가 부정적이라고 생각했던 특성이 긍정적인 특성으로도 바뀔 수 있다는 게 다행스럽지 않은가? 내가 가지고 있는 부정적인 특성을 긍정적인 특성으로 바꿀 수 있는 것처럼, 현재 내 주변에서 벌어지고 있는 상황을 부정적인 시각으로만 볼 것이 아니라 일부일지라도 긍정적인 것을 꺼낼 수 있는 생각의 전환을 가져보길 바란다. 부정적인 것에서 긍정적인 것으로의 생각의 전환은 드리머가 의식적으로 하지 않으면 그 누구도 대신 할 수 없는 것이다. 내 생각의 주체는 바로 나 자신이기 때문이다.

살면서 우리의 생각의 틀을 전환하는 것만으로도 나를 매우 자유롭게 할수 있다. 그리고 조금은 더 멋진 나를 찾을 수 있다. 생각의 틀을 전환하면서 나라는 사람이 알고 보면 꽤 괜찮은 면이 있는 것에 놀랄지도 모른다. 숨겨진 나의 장점을 찾고 싶은가? 전환하자! 나의 부정적인 생각의 틀을 긍정적인 생각의 틀로. 그러면 나의 관점이 바뀌고 나의 인생관도 달라질 것이다.

드리머의 부정적인 특성을 긍정적인 특성으로 바꾸어 보자.

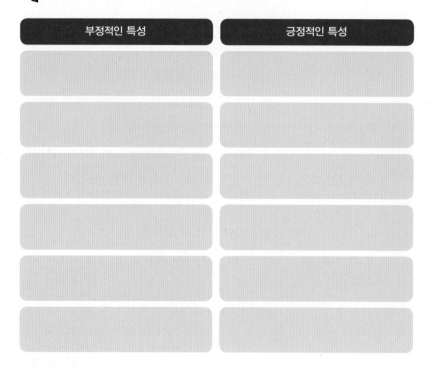

부정적인 특성	긍정적인 특성

만만한 TIP

생각의 전환을 통하여 긍정의 자아를 발견하고 취업에 도전할 수 있는 힘을 얻어 준비하도록 하자!

02. 자신의 SWOT 분석하기

어떠한 일을 계획하여 추진하고자 할 때에는 현재 자신을 객관적으로 판단하고, 내 상황을 분석하는 시간이 꼭 있어야 한다. 그러한 시간이 있어야만 그 목표를 향해 무엇을 어떻게 준비해야 할지 구체적인 방안을 세울 수 있다. SWOT분석은 기업에서 내부적인 환경을 분석하여 강점(Strengths)과 약점(Weaknesses)을 발견하고 더불어 외부적인 환경을 분석하여 기회(Opportunities)와 위협(Threats)을 발견하는 것을 말한다. 이로써 강점은 높이고, 약점은 낮추고, 기회는 극대화하고 위협은 극소화하여 마케팅전략에 활용하는 것을 것이다.

면접이라는 것을 달리 생각하면, 마트에서 진열된 물건 중 하나가 소비자에게 선택을 받듯, 면접장에서 내가 선택을 받기 위해 주어지는 환경이라고 할 수 있다. 그러한 의미에서 기업의 마케팅전략인 SWOT을 드리머에게 활용할 수 있다.

드리머가 SWOT을 분석하면 다음과 같은 장점이 있다.

1. 드리머의 현 상황을 보다 객관적으로 점검할 수 있다.
2. 취업을 준비함에 있어 드리머의 장점은 살리고 약점은 극소화할 수 있다.
3. 기회를 극대화시켜 인생의 전환점으로 삼을 수 있다.
4. 성장에 위협이 될 수 있는 요소를 파악하여 극복하거나 과감히 내려놓을 수 있다.
5. SWOT분석을 통해 막연했던 취업준비가 조금은 현실로 다가와 내가 준비할 수 있는 현실적인 주제로 체감될 것이다.

이러한 SWOT을 분석하는 시간은 도전과 성장을 준비함에 있어 도움이 되는 것에 틀림없다.

SWOT 분석의 사례를 통해 팁을 얻어 드리머의 SWOT을 작성해 보자.

사례 1 ▶ **외국계 회사에 지원할 한 드리머의 SWOT 분석**

강 점 (Strengths)	• 전체 학생회장 및 동아리 리더 경험 • 미국 ABC기업 인턴 경험 10개월 • 토익 950점
약 점 (Weaknesses)	• 건강상 문제로 현역 면제 • 낮은 학점 • 자격증 없음
기 회 (Opportunities)	• 인턴 시 전공 관련 업무 경험 • 가나다 기업 대학생 프레젠테이션 대회 우수상 입상 • 영어 의사소통 원활
위 협 (Threats)	• 해당 기업 채용정보 부족 • 채용 기회 적음 • 높아지는 스펙

SWOT을 시각화하여 정리하는 방법도 있다.

사례 2 ▶ **'ㅅ' 대학교 진로캠프에서 학생들이 작성한 SWOT**

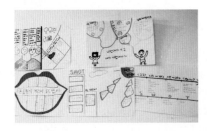 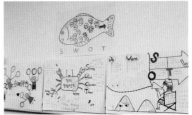

드리머의 SWOT 분석

강 점 (Strengths)	· · · ·
약 점 (Weaknesses)	· · · ·
기 회 (Opportunities)	· · · ·
위 협 (Threats)	· · · ·

03. 면접과 친해지기

1. 면접은 꼭 거쳐야 하는 관문이다

면접 없이 취업하는 경우는 이제 거의 없다고 생각하면 된다. 또한 예전처럼 형식적인 면접을 보는 시대도 끝났다. 최근 기업들의 신입사원 채용 과정을 보면 서류·필기전형의 비중보다 면접의 비중을 중요하게 여기는 것을 볼 수 있다. 또한 몇 단계의 면접을 치르고, 각 기업마다 다양한 면접을 개발하여 진행하는 것을 보면 점차 중요해지는 면접의 중요성을 잘 알 수 있다. 취업에 있어 매우 중요한 요소, 당락을 결정할 수 있는 것이 바로 면접이다. 이런 면접을 가볍게 받아들일 사람은 아마도 없을 것이다. 면접이 부담스러운 것은 당연한 것이지만, 잘 생각해보면 면접만 잘 통과하면 취업이라는 고지가 바로 코앞에 있다고도 볼 수 있다. 이것 또한 패러다임 전환이다.

2. 면접은 그간 닦은 기술의 총체이다

대학입학시험이 그 전까지 학습한 모든 결과물이라면, 취업은 대학시절의 모든 노력을 통한 경험의 결과물일 것이다. 전공공부, 학교생활, 아르바이트, 외국어학습, 동아리활동, 자격증 취득, 자세, 이미지 메이킹 등의 경험과 준비를 면접이라는 것을 통해 취업으로 연계할 수 있을지 검증하는 자리란 말이다. 물론, 보이는 것 이외에 그간 성립된 성품이나 인생관도 포함될 수 있다.

이미 면접에서 불합격의 쓴 맛을 보았는가? 달콤한 경험은 아니지만, 그 자리에 섰다는 것만으로도 값진 결과를 가져오는 귀한 경험이 될 것이다. 직접 경험한 것만큼 큰 교육의 효과는 없기 때문이다. 부족한 것을 제대로 파악하여 기술을 익히면 된다. 기술은 선천적으로 타고나는 것이 아니라 후천적으로 단련하고 연마하는 것이다. 조급해하지 마라. 지금부터라도 제대로 된 기술을 배워 내 것으로 만들면 되는 것이다. 이왕 해야 하는 거 제대로 준비해서 면접이라는 것과 맞닥트려 보자.

3. 면접관을 그 모습 그대로 인정하자

면접 경험이 있는 드리머라면 면접의 경험이 좋았기보다는 쓸쓸한 기억이 더 많을 수도 있을 것이다. 면접에 대한 좋은 기억이 없는 게 어떤 이유라고 생각하는가? 충분히 준비를 못해 부족한 모습으로 면접에 참여했거나 울렁증으로 연습한 것을 반도 못한 내가 원인일 것이다. 그 다음은 아마도 면접관 때문일 것이다. 면접관 때문에 불쾌할 수 있다는 사실을 믿지 못하겠는가?

아마도 면접관의 이런 모습이 드리머를 불쾌하게 할 것이다.

- 반말을 하는 면접관
- 노려보거나 이상한 시선처리의 면접관
- 면접시간에 사전안내 없이 늦는 면접관
- 면접 중 훈계를 하는 면접관
- 단정하지 않은 용모와 복장의 면접관
- 면접 외의 내용으로 트집이나 시비를 거는 면접관
- 비꼬는 말투의 면접관
- 면접 중 담배를 피우는 면접관
- 의자에 기대거나 바르지 않은 자세의 면접관

이런 면접관의 모습은 대기업보다는 중소기업 이하의 기업에서 이루어지는, 규모가 작은 면접이나 단독면접일 때 발생할 가능성이 높다. 면접관의 모습을 통해 지원한 회사의 호감도나 인상이 결정된다는 것을 생각한다면 면접관도 조금은 신경을 써서 면접에 임하면 좋겠다는 생각을 한다. 하지만 일반적으로 면접에 신경이 더 쓰이고 불리한 쪽은 드리머이다. 면접관의 불쾌한 모습을 볼지라도 즉각적으로 반응하여 불쾌감을 나타내기 보다는 마인드 컨트롤과 표정관리를 하여 끝까지 최선을 다해 성실히 임하도록 한다. 물론, 물리적인 불쾌감이 없을 때를 말한다.

면접관의 입장에서 본다면 면접관으로 하루를 보낸다는 것도 쉽지 않은 일일 것이다. 하루에 수많은 구직자들의 면접을 봐야 하는 면접관들이 시간이 지남에 따라 매우 피곤함을 느끼는 것은 당연하다. 비슷한 콘셉트의 복장을 한 사람들의 비슷한 답변을 반복해 보고 듣는다고 생각해 봐라. 재미있는 방송 프로그램도 같은 편을 계속 반복해서 보면 흥미를 잃는다. 간절함으로 준비해 서있는 지원자들의 마음과는 달리 면접장에 있는 지원자들의 모습이 면접관에게는 어쩌면 식상하게 느껴질 수도 있을 것이다.

면접관도 사람이다. 면접관 중 일부는 면접이 주요 업무인 사람도 있지만 대게는 면접기간 동안만 면접관의 역할을 수행하는 드리머가 지원한 그 회사의 평범한 직원이다. 단지 먼저 입사한 선배나 상사일 뿐이다. 드리머보다 먼저 드리머의 길을 거쳐 간 사람이란 말이다. 개구리가 올챙이적 생각을 못한다고 했던가? 불과 몇 년 전의 일임에도 불구하고 언제 내가 저 자리에 있었는지 모르게 다른 세계의 사람들인 것처럼 생각할지도 모른다. 그래서 어떤 기업에서는 비교적 직급이 낮은 사원을 면접관 중 일부에 배치하는 경우도 있다고 한다. 면접관의 태도가 못마땅한들 면접장에서 드리머가 어떻게 할 수 있겠는가? 면접 시스템을 바꿀 수도, 그렇다고 즉각적으로 면접관을 바꿀 수도 없다. '면접관은 그럴 수도 있는 사람이다'라고 생각하고 마음을 비우자. 그래도 인정하고 싶지 않다면, 훗날 여러분이 면접관이 될 기회가 있을 때, 그 경험을 꼭 기억하여 제대로 면접을 진행하면 된다. 여기서 중요한 건 꼭 적어놔야 한다. 사람은 망각의 동물이고 좋은 것보다는 안 좋은 것을 더 쉽게 보고 배우기 때문이다.

면접관으로 인한 난관을 해결할 수 있는 방법은 두 가지이다.

첫 번째, 다양한 면접관을 접한다.

사람은 각양각색이다. 일부 정해진 색깔의 면접관 부류가 있기는 하나 면접관이 모두 같지는 않다. 다양한 모의면접을 통한 경험으로 어떠한 면접관이 나와도 본인의 페이스로 준비한 모든 것을 쏟아낼 수 있도록 한다. 다시 말해 다양한 면접관을 통한 연습만이 살 길이다.

두 번째, 데쟈뷰 해본다.

데쟈뷰(déjà-vu)란 불어로 '이미 본 것'이라는 뜻으로 지금 자신에게 일어나고 있는 일을 과거에 경험한 것처럼 느끼는 것을 말한다. 까다로운 면접관, 차가운 면접관, 무례한 면접관 등 여러 부류의 면접관과 면접 보는 모습을 상상해 보고 그 대처법도 그려봐라. 그 모습이 현실에서 나타난다면 당황스럽기 보다는 반가울 것이다.

만만한 TIP

면접도 면접관도 자주 봐야 익숙해진다.

04. 취업 vs 대학원 vs ? 진정 원하는 게 뭐야?

이 책을 읽는 드리머에게 묻는다. 이 순간 진정으로 원하는 게 무엇인가? 취업인가? 대학원에 가고 싶은가? 아님 이것도 저것도 모르겠는가?

'ㅎ'대학교에서 한 학기 동안 면접전략 코칭을 한 적이 있다. 그때 한 학생이 매주 찾아와 코칭을 받았다. 취업을 앞둔 경영학과의 4학년 학생이었는데 유달리 살아 있는 눈빛으로 인상적이었던 학생이었다. 코칭을 받으며 그 학생은 마음속 자신이 바라는 것을 찾으려 애썼고 점차 알아가고 있었다. 그러던 어느 날 그 학생은 취업 대신 호주의 워킹홀리데이 프로그램에 참여한다고 했다. 지금 당장 취업을 하면 평생을 두고 후회할 것 같다는 생각에서 그렇게 결정했다고 했다. 그렇게 그 학생은 호주로 떠났고 몇 달 뒤 멋진 풍경의 호주 사진과 함께 결정에 만족한다는 안부를 전해왔다. 바로 다음에 보이는 사진들이다.

▲ 면접전략 코칭을 받은 학생이 보낸 호주 사진

드리머 가운데 경제적인 활동을 하지 않으면 안 되는 어려운 상황에 놓인 경우가 있을 수 있다. 그런 경우에는 취업이라는 것이 선택이 아닌 필수가 될 수 있지만 그렇지 않은 경우에는 조금은 다르게 생각할 수도 있다는 말이다.

드리머 가운데 취업이라는 난관을 피하기 위해 단지 시간을 벌기 위하여 대학원을 선택하려고 한다면 다시 한 번 생각해 보았으면 한다. 도피가 아닌 정당한 선택을 하기를 바란다. 당장 동기들보다 취업이 1~2년 늦은 게 평균수명 100세를 바라보는 이 시점에 과연 큰 영향을 미칠까? 다른 사람들이 다 하는 취업이기에 떠밀려서 하는 취업은 어쩌면 내게 불행을 줄 수도 있다. 목표가 정해져 있지 않은 과정은 다시금 처음으로 돌아가야 하는 여정이 될 수도 있다.

내가 아는 지인은 32살에 처음으로 취업하였다. 한참 아래인 입사동기들과 잘 지내며 지금까지 회사생활을 잘하고 있다. 물론 드문 경우이기는 하나 본인 하기 나름이라는 말이다.

한 번 지나간 시간은 돌아오지 않는다. 드리머의 생각과 마음에 귀를 기울이기 바란다. 어쩔 수 없이 끌려갈 것인가? 아니면 끌어갈 것인가? 여러분의 인생이다. 그에 대한 여러분의 몫이자 선택이다.

만만한 TIP

한 번 지나간 시간은 돌아오지 않는다. 드리머의 생각과 마음에 귀를 기울여 최선의 선택을 하자.

Part 02 만(萬)만(滿)한 면접 준비

면접 이해하기

01. 왜 스펙보다 면접이 중요한가?

일명 스펙이라고 하는 부분의 중요성을 느끼는 것은 서류전형이다. 서류
전형은 입사하고 싶은 회사에서 기본적으로 요구하는 커트라인이라고 생각
하면 된다. 그 지원자격인 스펙이 커트라인을 많이 넘었다고 해서 가산점
을 받는 경우는 특별한 경우를 제외하고는 거의 없다. 최근 일부 기업과 공
무원 면접에서는 서류전형에서 제출한 자료를 참고하지 않는 블라인드 면
접을 시행하고 있다. 스펙은 입사를 위한 일차적인 준비단계이고 면접을
가기 위한 프로세스 중의 하나이다. 어느 정도의 자격요건을 채우면 무리
가 없다. 스펙은 준비이고 면접은 실전이다. 다시 말해 스펙은 이론시험이
고 면접은 실기시험이라고 이해해도 좋다.

02. 면접이란 무엇인가?

　면접이란, 언어커뮤니케이션과 비언어커뮤니케이션을 융합한 구술시험이다. 드리머가 지원한 회사에서 서류전형만으로는 드리머의 실무에 가능한 능력을 파악할 수 없기에 직접 얼굴을 보고 커뮤니케이션을 통해 선발하기 때문이다. 또한 면접은 함께 일하기 좋은 사람을 뽑기 위해 수많은 지원자 가운데 가려내는 작업이기도 하다. 이런 면접의 가장 큰 목적은 기업에서 요구하는 인재상에 적합한 사람을 판별하는 것이다. 이러한 면접은 입사 당락을 결정하는 핵심 요소이다.

　면접의 목적은 다음의 5가지를 평가하는 것으로 생각해 볼 수 있다.
　첫째, 인재상에 부합한 직원 선발
　둘째, 업무의 적합성과 진행 능력 평가
　셋째, 지원자의 정보 확인 및 추가 정보 완성
　넷째, 커뮤니케이션을 통한 조직원들과의 융화 가능성
　다섯째, 기업 이미지 제고를 통한 입사 동기부여

03. 면접의 평가 요소는?

　면접의 평가요소는 그 기업에 부합한 인재상이 필요로 하는 요소를 말한다. 기업마다 인재상에 따라 조금씩 다를 수는 있으나 기본적인 사항은 크게 차이가 없다.

　다음은 면접관들이 면접 시 평가하는 항목들을 정리한 것으로 평가요소를 이해하는 데 도움이 될 것이다. 평가요소는 크게 외모를 통한 외적인 평가요소, 질의응답을 통한 내용적 평가요소, 응시서류를 통한 자료적 평가요소로 나눈다. 이러한 평가요소를 염두에 두고 이미지 연출과 답변법 등을 고려해 면접을 준비할 필요가 있다.

구 분		평가항목	평가질문
외모 평가	건 강	혈색, 체형	건강한 혈색과 이미지를 가지고 있는가?
	복 장	청결, 옷차림	면접에 적절한 차림을 하고 있는가?
	태 도	인사, 자세	예의바른 자세를 취하고 있는가?
	호 감	전반적인 느낌	전체적인 인상이 호감을 주는가?
질의 응답 평가	인간성	존중, 배려	• 동료들과 의견차이가 있을 때 어떻게 하는가? • 무리한 부탁을 들었을 때 어떻게 하는가?
	가치관	인성, 성격	• 존경하는 인물은 누구인가? • 본인의 인생에서 가장 중요한 3가지는?
	직업관	직업의식	왜 이 일을 하고 싶은가?
	전문성	업무지식, 실무경력	• 전공을 선택한 이유는? • 전공이 업무에 어떻게 도움이 되리라 생각하는가?
	창의성	남다른 발상	• 지원자가 CEO라면? • 복권 1등에 당첨된다면?
	표현력	전달법, 논리적 전개	나를 특정 동물에 비유하여 설명한다면?
	판단력	신속성, 결단성	임산부, 어린이, 노인, 박사 중 한 명만 구조할 수 있다면 누구를 구조하겠는가?
	적극성	능동적인 수행	학창시절 가장 기억에 남는 활동이나 아르바이트는?
	계획성	계획적인 업무 수행 능력	자회사 신상품의 홍보를 위해 어떻게 광고하겠는가?
	사회성	인간관계, 조직적응능력	동료가 업무를 자주 인계한다면 어떻게 하겠는가?
	리더십	적극성, 인솔능력	리더로서 어떤 일을 수행한 일이 있는가?
	국제화	글로벌 감각, 외국어 능력	• 해외여행이나 어학연수 경험이 있는가? • 외국어 구사가 가능한가?

구 분	평가항목	평가요소
자료적 평가 요소	가족사항	가족 구성원과 배경을 통해 성장환경을 가늠해 볼 수 있다.
	특 기	직무에 도움을 줄 수 있는 성향과 자세 등을 판단할 수 있다.
	성 격	응시서류에 작성한 성격과 면접장에서 보이는 성격으로 사회성을, 일치여부를 통해 신뢰성을 파악할 수 있다.
	자격사항	전공이나 직무에 도움을 줄 수 있는 자격여부를 통해 열정과 준비 자세 등을 파악할 수 있다.
	경 력	아르바이트나 인턴 등을 통해 직무에 도움을 줄 수 있는 관련 여 부를 판단할 수 있다.

만만한 TIP

기업에서 일반적으로 요구하는 면접 평가요소를 나와 비교하여 분석한 후 부족한 부분에 대한 대책을 세워 채우도록 한다.

🖋 드리머의 평가항목을 정리해 보자.

드리머가 가지고 있는 평가항목	드리머가 갖춰야 할 평가항목

04. 면접유형에는 어떤 것들이 있지?

면접은 기업의 미래를 책임질 인재를 선별하는 최종 과정으로 이 과정에
많은 공을 들인다. 이러한 면접의 비중은 점점 커지고 있으며 어떤 기업은
면접만 몇 차례 진행하는 경우도 있다. 기업은 맞춤형 인재를 찾기 위해서
다양한 면접과 다각적인 방법으로 인재를 찾는다. 그럼, 현재 기업에서 진
행하는 있는 대표적인 면접유형들을 알아보자.

1. 단독면접(일대일 면접)

특징 1명의 면접관과 1명의 지원자가 대면하여 면접을 진행하는 방식이
다. 한 번에 대규모의 인원을 선발하는 대기업보다는 채용 규모가 작은 중
소기업이나 일부 기업에서 진행하고 있다. 단독면접을 진행하는 경우는 채
용 규모가 작을 때, 업무에 꼭 맞는 적임자를 선발해야 할 때, 지원자를 한
번 더 보고 결정을 해야 하는 특별한 경우일 때, 면접만 몇 차례 진행하는
기업의 경우 등에 진행할 수 있다. 특수한 상황의 경력직 채용이나 외국항
공사 승무원 채용에도 많이 진행하는 유형이기도 하다.

장점 다른 면접유형보다는 면접관이 편안하고 친밀하게 느껴질 수 있다. 면접관이 면접을 진행하는 동안 지원자에게만 집중하므로 보다 진솔하고 깊이 있는 질의응답이 가능하다. 커뮤니케이션 능력에 있어 별 어려움 없이 답변할 수 있는 드리머에게 매우 유리한 면접 유형이 될 수 있다.

단점 진솔하고 깊이 있게 답변하는 가운데 면접관이 너무 편하게 느껴져 안 해도 될 말까지 하는 등 말실수를 할 수 있다. 그리고 한 명의 면접관이 진행하므로 다른 유형의 면접보다 지원자의 평가에 있어 객관적이기보다는 주관적일 확률이 높고 다른 면접관이 진행한 다른 지원자와의 비교 평가가 애매할 수 있다.

지니's TIP

지니의 경우 몇 번의 단독면접을 지원자의 입장에서 경험해봤다. 비교적 다른 면접유형보다 면접관의 배려가 컸고 지니의 답변에 집중해줬다.

면접관의 성향에 따라 다를 수는 있지만 현재 업무에 대한 이해와 역할에 대해서 상세히 설명해 주기도 하고 필요한 부분을 짚어서 업무의 적임자로서 힌트를 줄 수도 있다. 이때는 면접관과 둘만의 질의응답으로 진행되는 시간이기에 가능한 유쾌한 분위기를 만들도록 해야 한다. 단, 진지함을 잃어서는 안 된다. 괜한 농담으로 가벼워 보이기보다는 환한 표정과 상냥한 말투 그리고 적극적인 자세를 더해 밝은 분위기를 조정하는 정도에서 그쳐야 한다. 드리머를 배려해 편안한 분위기를 조성해 줄 수는 있으나 어디까지나 드리머를 평가하기 위한 면접임을 잊지 말아야 한다.

예상 질문에 대한 답변은 꼼꼼히 준비하여 성실한 인상을 주고 차별화된 답변으로 드리머를 각인시키는 것도 좋은 방법이다.

2. 개별면접(다대일 면접)

특징 한 명의 지원자와 여러 명의 면접관이 함께 면접을 진행하는 유형이다. 임원진 면접이나 2, 3차 면접에서 볼 수 있는 면접유형이다. 면접관이 2~5명 정도로 구성된다. 기업이나 상황에 따라 면접관들이 질문영역이나 대본을 배분하기도 하고 아니면 구분 없이 질문을 하기도 한다. 지원자 한 명을 두고 많은 면접관들의 시간과 노력을 들이기 때문에 개별면접은 면접유형 가운데 회사에서 가장 신경을 많이 쓰는 유형이고 또한 가장 객관적으로 적임자를 선별할 수 있는 유형이다. 개별면접은 그 어떤 면접보다도 지원자들이 가장 어려워하고 긴장을 많이 하는 유형 중의 하나이다. 싸움도 일대일보다는 상대방이 여러 명일 때 더 긴장되지 않겠는가? 면접장으로 들어갈 때부터 앉아 있는 여러 명의 면접관들이 드리머를 잡아먹으려고 달려드는 사람처럼 보여 긴장이 배가될 것이다.

장점 보다 객관적으로 평가될 수 있는 기회이다. 여러 명의 면접관에게 나의 강점을 인식시키고 적임자임을 어필할 수 있는 시간이 될 수 있다.

단점 긴장한 상태에서 짧은 시간에 다각적이고 많은 질문이 쏟아져 나오므로 당황하거나 답변하는 데 어려움을 느낄 수 있다.

지니의 경험으로 봤을 때에도 긴장이 되는 시간임에는 틀림없다. 한 명의 면접관은 질문을 하고 답변하는 나의 모습을 다른 면접관들을 유심히 바라보며 계속 채점을 하니 말이다. 침이 바싹바싹 마른다. 하지만 면접관도 사람일 뿐이다. 나를 해칠 사람이 아닌 내가 적임자임을 판단해야 하는 업무를 수행하는 사람 말이다. 짧은 시간에 여러 명의 면접관을 내 편으로 만들 수 있는 시간이 될 수 있는 만큼 철저히 준비하여 좋은 인상을 줄 수 있도록 해야 한다. 모든 것은 생각하기에 달려있다.

꼬리에 꼬리를 무는 질문이 있을 수 있으므로 이력서나 자기소개서의 내용을 거짓 없이 작성하고 숙지하여 또박또박 답변할 수 있도록 해야 한다. 답변 시 시선처리도 중요하다. 일반적으로 가운데 앉은 면접관의 직급이 높은 경우가 많은데 가운데 앉아 있는 면접관을 중심으로 양쪽의 모든 면접관에게 골고루 시선을 줄 수 있도록 한다.

3. 집단면접(다대다 면접)

특징 집단면접은 다대다 면접이라고 하기도 한다. 면접관이 3~5명, 지원자가 3~8명 정도로 상황에 따라 다양하게 진행된다. 대기업의 1차 면접에서 가장 많이 진행하는 면접유형으로써 짧은 시간에 많은 지원자 중 일부를 가려낼 수 있는 능률적인 면접방식이다. 지원자에게 자기소개나 지원동기 등의 동일한 질문을 하기도 하고 일부 지원자에게는 추가적인 질문을 한다. 만약 한 조에 합격인원이 동일하게 정해져 있다면 면접관들은 절대

평가 보다는 상대평가를 하기 쉽다. 그래서 같이 면접을 보는 조는 동료이자 경쟁자가 될 수 있다는 것이다. 이때 드리머는 질문수에 대해 예민할 필요는 없다. 면접관이 드리머에게 질문을 안 하는 이유는 두 가지로 볼 수 있다. 이미 합격자로 내정해서 그럴 수 있고, 안타깝게도 더 이상 물어볼 필요가 없어서 질문을 안 할 수도 있다. 반대로 질문을 많이 받았다고 해서 드리머에게 관심이 집중됐다고 생각해서는 안 된다. 당락의 애매한 경계선에 있어 검증하는 단계일 수도 있기 때문이다.

장점 여러 명의 지원자와 함께 한 조에서 면접을 보기 때문에 의지가 되어 다른 면접 유형보다는 긴장이 덜 될 수 있다. 또한 다른 지원자가 답변할 때 내 순서를 기다리며 답변을 수정할 시간이 생길 수도 있다. 집단면접은 준비를 많이 한 지원자가 두드러질 수 있는 유형이다. 이력서나 자기소개서 그리고 일반적인 예상 질문에 대한 준비를 잘 했다면 답변하는 데 별무리가 없을 것이다. 더불어 지원자로서 외적인 이미지 메이킹을 잘 했다면 다른 지원자보다 유리한 위치에 있을 것이다.

지니's TIP

지니의 경험으로 볼 때 다른 어떤 면접유형보다 경쟁심이 큰 유형이었다. 다른 지원자보다 적임자로 어필하기 위해 순간순간 부단히 노력해야 했기 때문이다. 특히나 차별화에 신경을 썼다. 지니는 혹시 있을지 모르는 외국어 구사를 대비해 스페인어도 준비해 갔다. 역시나 면접관은 영어뿐만 아니라 스페인어로 자기소개를 시켰고 다른 지원자보다 각인될 수 있었다.

집단 면접 시 답변을 할 때에는 나만의 필살기를 준비하여 다른 지원자보다 면접관에게 각인되어야 한다. 다른 지원자에 묻히지 않도록 독창적이고 창의적인 대답을 준비하는 게 좋다. 단 다른 지원자에 비해서 너무 오버하거나 튀는 언행은 금물이다. 또한 용모와 복장에 있어서도 꼼꼼하게 전략을 세워 다른 지원자와 함께 서 있을 때 드리머가 먼저 한 눈에 들어와야 한다. 또렷한 눈빛과 밝은 미소로 처음부터 면접관에게 눈도장을 찍자.

집단면접 시 주의사항

• **다른 지원자가 답변할 때 자세도 신경 쓴다.**

면접관들이 드리머에게 시선을 두지 않는다고 하여 자세가 흐트러지거나 혼자 답변을 연습하는 모습을 보이지 않도록 한다. 또한 다른 지원자의 답변에 크게 웃거나 비웃는 듯한 표정을 지어서도 안 된다.

• **다른 지원자의 스펙에 눌리지 않는다.**

면접을 본다는 것만으로도 지원한 회사에서 일할 수 있는 자격조건은 서류전형을 통해 이미 통과했다는 것이다. 스펙이 좋다고 업무를 잘하는 것은 아니다. 괜히 기죽지 말고 자신감으로 무장해 현재에 집중한다.

• **혼자 너무 튀지 않는다.**

많은 지원자 가운데 개성 있는 모습으로 비춰지기 위해 독창적이다 못해 튀는 경우가 있다. 일반적이지 않은 제스처나 복장으로 너무 튀지 않도록 한다.

• **공동체의 모습을 보인다.**

합격과 불합격의 결과가 다를 수는 있지만 같은 목적을 가진 공동체란 의식을 가지고 조원끼리 서로 배려하고 함께하는 모습을 보이도록 한다. 예로 입실과 퇴실 시에 질서를 지킨다.

4. 집단 토론면접

특징 집단 토론면접은 여러 명의 지원자들에게 동일한 주제를 주고 다수의 면접자 앞에서 토론을 하게 하는 면접유형이다. 토론면접은 다양한 방식으로 진행된다. 토론의 주제와 사회자를 정해주고 토론을 시키는 방법, 사회자를 정해주고 주제는 지원자들이 정하고 토론을 시키는 방법, 주제를 정해주고 사회자를 정하거나 사회자 없이 토론시키는 방법, 주제나 사회자를 정해주지 않고 토론을 시키는 방법이 있다. 토론의 주제는 시사문제, 최신 이슈, 해당 기업에 관련된 주제 등이 될 수 있다. 토론 시간은 기업에 따라 정해진 시간이 다르나 보통 40~90분 내로 진행된다. 면접관들은 토론하는 동안 토론에 관여하지 않고 지원자들에게 모두 맡기나 일부 기업에서는 토론자에게 질문을 하는 경우도 있다. 이때 면접관들은 토론에 참여하는 지원자들의 모습을 통해 발표력, 논리성, 커뮤니케이션 스킬, 리더십, 협조성, 설득력, 대인관계능력 등을 평가한다.

장점 시사와 사회 전반에 관심을 가지고 꾸준한 연습을 통해 준비하면 좋은 결과를 낼 수 있는 면접유형이다.

단점 토론 시간이 길어질수록 평상시 성격이 드러날 수 있으므로 성격이 급하거나 독단적인 드리머는 주의해야 한다. 토론에 참여하는 모습을 통해 단체생활에서 드리머의 성향이 나올 수 있다.

지니's TIP

우리나라 학생들은 토론에 익숙하지 않은 교육환경에 있었기에 토론면접을 대비해 따로 준비할 필요가 있다. 개인적으로는 신문의 사설이나 매스컴을 통해 접할 수 있는 시사문제를 다양한 시각에서 정리하는 게 좋고 토론은 혼자 연습할 수 없으므로 스터디 모임을 통해 준비하도록 한다. TV의 시사토론 프로그램을 유심 있게 관찰하여 토론의 분위기나 참여 방법 등에 대한 팁을 익혀 놓는 것도 도움이 될 것이다.

집단토론면접 L.M.C.L 법칙

- **Listen : 경청하라**

  다른 지원자의 의견을 경청한다. 이때에는 고개를 끄덕이거나 발표자를 응시하는 등 경청하고 있다는 액션을 취한다.

- **Memo : 메모하라**

  메모지와 펜을 준비한다. 다른 지원자가 발표하는 동안 나만의 생각을 준비만 하기보다는 메모를 통하여 다른 지원자의 의견을 정리하고 반론할 수 있는 의견을 준비하도록 한다.

- **Cut in : 말을 자르지 말라**

  다른 지원자의 말에 끼어들지 않는다. 다른 지원자의 말이 끝나길 기다렸다가 말한다.

- **Logically : 논리적으로**

  논리적으로 말 할 수 있어야 한다. 드리머의 입장을 생각한 후 결론을 먼저 얘기하고 뒷받침 할 수 있는 근거를 논리적으로 말할 수 있는 연습이 필요하다.

5. 프레젠테이션 면접

특징 지원자에게 특정 주제를 주고 일정 시간 준비를 한 후에 면접관들 앞에서 프레젠테이션을 하는 면접형태를 말한다. 최근 들어 많은 기업에서 프레젠테이션 면접을 늘리는 추세이다. 기업에 따라 프레젠테이션 시간은 다르나 보통 5~20분 정도로 진행된다. 입사 후에 조직원들 앞이나 세일즈를 해야 하는 상황에서 프레젠테이션을 할 기회가 점차 많아지므로 다각적으로 준비된 인재를 찾는 경향을 반영한 유형이다.

프레젠테이션하는 지원자의 모습을 통해 면접관은 발표력, 논리성, 창의성, 설득력, 위기대처능력 등을 평가할 수 있다. 경우에 따라서 미리 준비된 칠판이나 파워포인트 등을 사용할 수도 있다.

장점 평소에 다른 사람들 앞에서 발표하는 것에 별 두려움이 없거나 지속적인 연습을 통해 준비해둔 드리머라면 내용만 잘 준비하여 프레젠테이션 하면 면접관에게 좋은 점수를 받을 수 있는 기회가 될 수 있다.

단점 생각지도 않은 주제나 생소한 주제에 접했을 경우에는 준비 시간이 적어 제대로 된 프레젠테이션을 하지 못할 수 있다. 특히 무대 공포증이나 다른 사람 앞에서 발표하는 것을 두려워하는 드리머라면 큰 어려움을 느낄 수 있다.

지니's TIP

지니가 모 기업의 프레젠테이션을 대행해야 하는 경우가 생기면 신경을 많이 쓰는 것 중의 하나가 바로 상황과 콘셉트에 맞는 이미지 메이킹이다. 프레젠테이션 면접 중 평가의 반 이상을 차지하는 것이 보이는 부분이기 때문이다. 자신감과 당당함으로 무장하고 신뢰감과 스마트한 인상까지 준다면 프레젠테이션 면접에 있어 이미지 메이킹은 성공한 셈이다. 이러한 인상은 표정과 제스처 그리고 복장으로 나타낼 수 있다.

두 번째로 신경 써야 할 것은 내용전달이다. 내용전달에 중요한 요소는 목소리와 내용 자체이다. 면접장에 알맞은 음성크기와 신뢰감을 주는 목소리로 프레젠테이션을 진행하도록 한다. 수많은 지원자를 평가해야 하는 면접관은 많이 지쳤기 때문에 드리머의 프레젠테이션을 모두 집중해서 듣기는 힘들다. 그러므로 면접관이 가장 집중해서 들을 수 있는 처음과 끝을 집중적으로 공략해야 한다. 서론에는 드리머의 의견을 말하고 본론에서는 뒷받침할 수 있는 의견을 정리하여 말한 후 결론에서 다시 한 번 의견을 재정리 하도록 한다. 준비 시간이 충분하지 않은 것을 면접관도 알고 있으므로 설득적인 내용전개를 준비는 하되 너무 욕심을 내어 준비하지 않아도 된다. 이렇게 욕심을 내어 준비하다 보면 주어진 준비 시간이 모자라 결론 부분을 미처 준비하지 못할 수도 있기 때문이다.

프레젠테이션 면접은 드리머가 프레젠테이션 하는 모습을 촬영한 사진과 동영상을 통하여 평소 말하는 습관과 자세 등을 관찰하여 다듬으며 준비해야 한다.

프레젠테이션 면접 요령 I.A.C.C

- **Image making**

지원한 회사의 면접 프로세스 중 프레젠테이션 면접이 있는 날에는 다른 면접보다 조금 더 이미지 메이킹에 신경을 쓸 필요가 있다. 보이는 모습 또한 설득력 있는 프레젠테이션 능력에 포함될 수 있기 때문이다. 머리부터 발끝까지의 매무새와 계산된 제스처로서 준비된 인재로써의 느낌을 주도록 한다.

- **Attitude**

면접에 임하는 자세와 태도를 말한다. 사전에 준비 못한 주제와 부족한 준비시간으로 매끄러운 프레젠테이션을 진행하는데 무리가 있을 수 있다. 하지만 프레젠테이션에 임하는 자세에 있어 미리 포기하거나 난처한 표정으로 일관하기 보다는 끝까지 마무리하려는 드리머의 자세를 통해 지원한 회사에 대한 간절함과 열정을 표현한다. 면접관도 사람이다. 어떻게든 잘 해보려고 최선을 다하는 지원자의 모습은 미리 포기하여 별 의지 없이 발표하는 지원자보다 예뻐 보일 수밖에 없다.

- **Content**

드리머의 생각이 전달 될 수 있도록 논리적인 구성과 내용으로 설득력 있게 전개해야 한다.

- **Confidence**

아무리 준비를 많이 했다고 해도 모의 프레젠테이션 면접을 보고 있노라면 여전히 부족한 모습이 보인다. 하물며 면접 프레젠테이션은 어떻겠는가? 부족함을 채울 수 있는 묘약 중의 하나는 바로 자신감이다. 면접관으로 하여금 '어허, 저 친구 보게나. 나중에 뭐라도 꼭 할 친구군'하며 기특한 면이 보일 수 있도록 자신감으로 무장하자.

6. 이색면접

요즘은 기업에 따라 다양한 면접유형을 개발하여 개성 있게 면접을 진행하는 게 유행처럼 되어버렸다. 일반적이기 않은, 해당 기업에 맞는 적절한 면접방법으로 맞춤형 인재를 찾는 데 애를 쓰고 있다. 그럼, 다양한 이색면접들을 알아보자.

① 압박면접

압박면접은 면접관이 난처한 질문이나 상황을 만들어 드리머에게 당황함을 주는 면접유형이다. 면접관이 드리머에게 개인적인 감정이 있어서 인신공격을 하거나 스트레스를 주는 것이 아니라 그 대처능력을 평가하는 면접유형인 것이다. 압박면접에서는 드리머의 자존심을 상하게 할 수도 있고, 돌발질문이나 수수께끼 등의 질문들로 난처하게 만들 수도 있다. 이때 면접관은 드리머가 당연히 당황할 것을 예상하고 있다. 답변의 내용 자체보다는 대처하는 자세를 본다. 순간의 센스와 순발력을 발휘하여 독창적인 답으로 우문현답을 함으로써 놀람을 줄 수도 있다. 답변을 하면서 조심해야 할 점은 포기를 하는 모습을 보이거나 이미 널리 알려진 센스 있는 답변을 그대로 답하는 것이다. 드리머만의 창의적인 답변이 답이 될 수 있다. 또한 개인적인 감정이 있어 드리머를 당황스럽게 하는 것이 아니니 평정심을 유지하여 감정적으로 응대하지 않도록 않다.

② 블라인드면접

블라인드 면접은 다른 면접과 달리 드리머의 개인정보를 모른 채 면접을 진행하는 방식이다. 드리머의 학력, 출신 등 소위 스펙이라고 하는 것들을 참고하지 않고 면접장에서 질문을 통해 드리머가 주는 정보만으로 평가를 하는 면접이다. 어떤 기업에서는 면접 전 몇 가지 질문이나 항목이 적혀 있는 종이를 받아 작성 후 블라인드 면접을 진행하는 곳도 있다. 일반적이지 않은 면접방식으로 학력이나 학점에 자신이 없었던 드리머에게는 희소식이 아닐 수 없다. 일부 기업에서 열린 채용이라는 명목으로 진행하고 있으며 공무원 면접에서도 도입하여 진행하고 있다.

③ 합숙면접

합숙면접은 면접관들과 지원자들이 1박 2일에서 2박 3일 정도 함께 생활하면서 단체생활을 통하여 드리머를 평가하는 방식의 면접유형이다. 비교적 오랜 시간 함께 하면서 드리머를 곁에서 겪어보고 평가를 하기 때문에 다각적으로 평가를 할 수 있다. 드리머의 리더십, 협동심, 조직 적응력, 대인관계 능력 등을 평가할 수 있고 일상의 모습을 통하여 비춰지는 세세한 것도 평가될 수 있다. 오랜 시간 함께 생활하면서 긴장이 풀릴 염려가 있는데, 숙박기간에는 학교에서 놀러간 M.T가 아니라 면접을 보러간 것을 명심하며 절대 긴장을 늦춰서는 안 된다. 모든 곳에 드리머를 감시하는 CCTV가 있다고 생각하며 언행에 주의를 기울여야 한다.

④ 술자리면접

술자리면접은 말 그대로 면접관과 지원자들이 함께 술을 마시는 방식의 면접이다. 술을 마시는 자세와 그 다음날의 자세 등을 통하여 드리머의 일상적인 자세와 태도를 평가할 수 있는 면접유형이다. 이때 드리머는 꼭 술을 마시지 않아도 술자리에서 유쾌하고 밝은 이미지를 줄 수 있도록 해야 하며 동기들과도 무리 없이 친화되고 어울리는 모습을 보여야 한다. 하지만 술을 함께 마셔 분위기가 좋다고 하여 긴장을 늦춰서는 안 된다. 간혹 분위기에 취해 과하게 술을 마시는 지원자가 있는데 모든 행동을 주의해야 한다. 면접관들이 그 자리에 어울려 즐기는 듯 보여도 매의 눈으로 드리머를 살펴보고 있기 때문이다.

7. 영어면접

영어면접은 날이 갈수록 그 중요성이 커지고 있어 중소기업 이상의 웬만한 기업에서는 대부분 진행하고 있다. 면접 중에 일부 진행을 하거나 혹은 따로 면접절차로 두어 진행하기도 한다. 일부 기업에서는 면접절차 중에 영어 토론면접을 두는 경우도 있다. 면접은 한국인 면접관이나 원어민 면접관이 진행할 수도 있다. 한국말로 질문하면 영어로 답하는 방식이 있고 면접관이 영어로 질문하고 영어로 답하는 방식의 영어면접도 있다. 많은 지원자가 토익과는 또 별개로 영어면접 준비에 스트레스와 부담을 가지고 있다. 영어면접은 단시간에 준비하기가 힘들기에 시간을 여유 있게 두고 꾸준히 준비해야 한다.

영어면접 요령

• **발음과 억양처리에 신경 쓴다.**
한 줄을 말해도 발음과 억양이 좋으면 훨씬 영어를 잘하는 것으로 보일 수 있다. 이 부분은 혼자서 개선하기가 어려우므로 가능하면 전문가의 도움을 받아 교정을 받는 게 좋다. 이때 드리머의 스피킹을 녹음해 듣고 수정하는 것도 방법이다.

• **제스처**
한국어와 영어를 말할 때의 차이점 중의 하나는 제스처이다. 영어를 말할 때 좀 더 자연스러운 제스처를 하면 조금은 더 영어를 잘하는 것처럼 보일 수 있다. 외국 영화나 드라마를 통하여 그들의 제스처를 눈여겨보고 활용하자. 또한 동영상 촬영을 하여 어색하지 않도록 꼭 피드백 해본다.

• **예상 질문에 철저히 준비한다.**
일반적인 예상 질문에 철저히 준비를 하는 게 좋은데, 이때 외운 티를 내지 않도록 연습해야 한다. 외운 티는 눈동자를 움직이거나 말끝을 늦추며 드문드문 말할 때 표가 난다. 긴장해서 외운 내용이 생각이 나지 않을 수 있으므로 평상시 어휘력을 키워 드리머의 생각을 표현할 수 있도록 대비해 둔다.

• **연습 또 연습**
어차피 해야 한다면 불평하기보다는 부딪치자. 꾸준함과 극성으로 준비하고 연습하자. 드리머의 인내와 많은 노력을 필요로 하는 면접유형이지만 시간을 투자한 만큼 훗날 드리머에게 좋은 기회를 줄 수 있는 강점이 될 수도 있다.

지원하고자 하는 기업의 면접 유형과 절차를 정리하여 맞춤으로 철저하게 준비하도록 하자.

THE 알아보기   Presentation Skill

(1) 프레젠테이션 목적은 청중을 설득하고 동기를 자극하여 어떠한 행동이나 의사결정을 원하는 목적대로 이끌어 가는 것이다.

① 정보전달

② 동기유발

③ 의사결정 설득

④ 행동촉구

⑤ 엔터테인먼트

(2) 프레젠테이션 4P 전략

① 사람(People) 전략

　㉠ 청중의 수준

　㉡ 청중들의 반응 및 자세

　㉢ 청중에게 질문을 던져 주제를 정함

② 목적(Purpose) 전략

　㉠ 정보 전달

　㉡ 설 득

③ 장소(Place) 전략

　㉠ 장소의 크기

　㉡ 좌석 배치

④ 사전준비(Preparation) 전략

　㉠ 정보와 자료 수집

　㉡ 발표자료 제작

(3) 프레젠테이션의 평가부분

프레젠테이션에서 평가될 수 있는 것은 언어적인 것과 비언어적인 것으로 구분된다.

구 분	요 소
언어 커뮤니케이션	발성과 호흡, 발음, 음색, 크기, 빠르기, 장단, 강세, 억양, 쉬기, 단어선택, 미사여구, 전개방법 등
비언어 커뮤니케이션	외모, 헤어스타일, 화장, 시선, 표정, 자세, 제스처, 복장, 액세서리, 공간 활용 등

① 언어 커뮤니케이션
  ㉠ 목소리
    • 중저음의 힘이 있는 목소리
    • 목소리의 크고 작음을 활용
    • 명확하고 또렷한 목소리
  ㉡ 속 도
  일반적으로 프레젠터는 당황하거나 긴장을 할 때 말이 빨라지는 경향이 있다. 그런 상황에도 의식적으로 속도를 조절할 수 있도록 연습이 필요하다.

빠른 속도로	느린 속도로
• 모두가 아는 내용을 말할 때 • 별로 중요하지 않은 내용을 말할 때 • 단순한 나열을 말할 때 • 쉬는 내용일 때	• 의혹을 살 수 있는 내용을 말할 때 • 통계자료나 연대 등 숫자를 말할 때 • 중요한 내용을 말할 때 • 어려운 내용을 말할 때

  ㉢ 발 음
  어떤 탤런트는 부정확한 발음을 고치기 위해 입에 볼펜을 물고 연습했다고 한다. 발음이 부정확하면 대사전달이 안 되는 것은 물론이거니와 시청자들이 드라마에 몰입하는 것을 방해하기 때문이다. 오래 전 권상우 씨나 최지우 씨의 부정확한 발음의 대사처리가 오랫동안 개그의 소재로 화제가 되었고 노홍철 씨의 'ㅅ'을 'th'로 발음하는 것 또한 우리에게 웃음거리가 되었다. 그렇다. 부정확한 발음은 전문성이 떨어져 보일뿐 아니라 가벼워 보일 수 있다. 지니는 프레젠테이션 할 때 발음을 씹으라고 표현한다. 명확한 발음은 신뢰감을 주고 그 내용을 전달함에 있어 효과가 배가 되기 때문이다. 발음이 부정확한 사람의 프레젠테이션은 오랜 시간 듣기가 불편하고 발음이 거슬려 집중하기가 어렵다. 많은 지원자들은 자신의 발음이 부정확 것을 잘 모른다. 이 부분을 읽는 순간 휴대폰의 녹음 기능을 이용해 책을 읽고 자신의 발음 정확성 정도를 확인해 본다. 필요에 따라 아래와 같이 연습해 본다.

- 안면근육풀기
  - 입안에 공기를 가득 넣고 위 → 아래 → 오른쪽 → 왼쪽
  - 입을 크게 벌리고 아 – 에 – 이 – 오 – 우
  - 입술을 털면서 '푸~~~' 반복
- 발음연습하기
  - 어려운 문장 발음하기 : 한 문장을 쉬지 않고 빠른 템포로 리듬을 타며 읽는다.

> - 저분은 백 법학 박사이고, 이분은 박 법학 박사이다.
> - 서울특별시 특허허가과 허가과장 허과장
> - 강창성 해운항만청장
> - 대한관광공사 관진관 관광과장
> - 저기 가는 저 상장수가 새 상장수이냐? 헌 상장수이냐?
> - 상표 붙인 큰 깡통은 깐 깡통인가? 안 깐 깡통인가?
> - 한영양장점 옆에 한양양장점, 한양양장점 옆에 한영양장점
> - 조달청 청사 창살도 쇠창살, 항만청 청사 창살도 쇠창살

  - 발음 연습 : 발음 씹는다는 느낌으로 하나씩 정확하게 소리 낸다. 붉은색으로 표시한 부분은 더욱 신경 써서 발음한다.

가	갸	거	겨	고	교	구	규	그	기
나	냐	너	녀	노	뇨	누	뉴	느	니
다	댜	더	뎌	도	됴	두	듀	드	디
라	랴	러	려	로	료	루	류	르	리
마	먀	머	며	모	묘	무	뮤	므	미
바	뱌	버	벼	보	뵤	부	뷰	브	비
사	샤	서	셔	소	쇼	수	슈	스	시
아	야	어	여	오	요	우	유	으	이
자	쟈	저	져	조	죠	주	쥬	즈	지
차	챠	처	쳐	초	쵸	추	츄	츠	치
카	캬	커	켜	코	쿄	쿠	큐	크	키
타	탸	터	텨	토	툐	투	튜	트	티
파	퍄	퍼	펴	포	표	푸	퓨	프	피
하	햐	허	혀	호	효	후	휴	흐	히

② 비언어 커뮤니케이션

　㉠ 시 선

　　프레젠터가 청중과 시선을 맞추면 맞추지 않을 때 보다 자신감, 신뢰감, 친
　　근감을 줄 수 있다. 또한 시선을 맞추면 청중의 관심을 살 수도 있다. 자신을
　　바라보고 말을 하는 사람을 어떻게 외면하겠는가? 함께 보고 집중할 수밖에
　　없다. 청중과 시선을 맞추면 프레젠테이션을 하면서 청중의 반응을 살필 수
　　있으니 전달력 또한 높일 수 있다.

　　➔ 시선처리 방법
　　　- 한 사람만 집중해서 보지 않는다.
　　　- 말은 하면서 시선을 맞춘다.
　　　- Eye contact가 많이 부담스러우면 청자의 미간이나 콧잔등을 바라본다.
　　　- 시선의 변화를 주어 지루함을 줄인다.
　　　- 방향을 바꾸어 움직일 때에는 몸의 방향도 바꾸어 시선처리를 한다.

　㉡ 표 정

　　모든 프레젠테이션에서 웃을 필요는 없다. 프레젠테이션의 특성에 따라 결
　　정하면 된다. 하지만 프레젠테이션의 시작은 미소로 여는 게 좋다. 첫인상에
　　영향을 주기 때문이다. 긴장되는 프레젠테이션 상황에서 미소를 짓기란 참
　　으로 어려운 일이다. 자연스럽게 표정연출을 할 수 있도록 연습을 해둬야 한
　　다. 표정은 한 순간에 바뀌는 것이 아니므로 적어도 한 달 이상의 훈련시간
　　을 두고 연습해야 한다.

　㉢ 제스처

　　화자가 손과 발을 전혀 움직이지 않고 말을 하면 청자는 답답함을 느끼게 된
　　다. 하지만 화자가 적절한 제스처를 할 때는 내용을 전달함에 있어 힘을 더
　　하고 활기를 준다.

　　프레젠터가 어려워하는 것 중의 하나가 바로 손 처리이다. 한 손에 마이크나
　　프레젠테이션에 필요한 기기를 들고 있을 경우에는 그나마 한 손만 처리하
　　면 되지만 양 손에 아무것도 들고 있지 않은 경우에는 난감할 수 있다. 맨 손
　　으로 서서 프레젠테이션을 하는 연습을 해본다.

　　➔ 제스처 연습하기
　　　- 몸에 힘을 빼고 자연스럽게 선다.
　　　- 거울 앞에 서서 자기소개나 일상생활을 주제로 하는 편안 주제의 말을 하면서 팔을
　　　　움직여 본다.
　　　- 안 움직이는 게 더 이상하다. 자연스럽게 하는 말을 따라서 제약 없이 팔을 움직이
　　　　게 둔다.
　　　- 팔 전체를 움직인다.
　　　- 분명하게 움직인다.
　　　- 동영상 촬영을 하여 과하거나 불필요한 제스처는 없는지 체크한다.

➡ 불필요한 제스처
- 신체 일부 만지기 : 귀, 머리, 머리카락, 턱, 어깨, 팔꿈치
- 이마 문지르기
- 무릎 흔들기
- 손톱 파기
- 손 비비기
- 의상 만지기 : 넥타이, 단추, 소매, 주머니
- 장신구 만지기 : 시계, 반지
- 팔소매 걷어 올리기
- 발뒤꿈치 들었다 놨다 하기

ⓔ 자 세
- 목과 허리는 바로 세운다.
- 양손을 밑으로 사선이 되게 내려놓으면 자신감이 결여돼 보이고, 뒷짐을 지으면 거만해 보인다. 또한 손을 주머니에 넣으면 건방져 보일 수 있으므로 주의해야 한다. 가슴과 허리 사이에 두 손을 모아 앞으로 놓는 게 가장 안정적으로 보기 좋다. 이때 손모양은 공수로 하거나 손가락을 가지런히 모아 손바닥은 떼고 손가락 끝을 붙인 채 뾰족한 모양을 만들어도 된다.
- 두 다리는 허리 넓이로 벌려 선다. 짝다리는 불량해 보일 수 있으니 주의한다.

ⓜ 복 장
프레젠터의 복장은 프레젠터가 프레젠테이션을 하기 전의 실력을 가늠할 수 있는 역할을 하고 프레젠테이션에 임하는 열정과 자세를 대변할 수 있기에 매우 중요하다. 적절한 프레젠터의 복장은 프레젠테이션 전개에 앞서 청중에게 호감을 주는 것은 물론 사전 분위기 형성에도 도움을 줄 수 있다. 반대로 적절하지 않은 복장은 준비가 미흡하다는 인상뿐만 아니라 프레젠테이션에도 방해가 될 수 있다. 프레젠터의 부적절한 복장은 청중이 복장에 신경을 쓰게 되어 정작 프레젠테이션에 집중하는 데 방해가 된다. 부적절한 복장이란 남성 프레젠터의 경우에는 너무 편해 보이거나 깨끗하지 못한 복장, 그리고 여성 프레젠터의 경우에는 상의의 가슴골이 보이거나 많이 비치는 것, 치마 길이가 짧은 것 등 단정하지 못한 복장이다.
프레젠터의 복장은 전체적으로 심플하고 보수적인 복장이 좋다. 청중의 시선은 가능한 위쪽으로 향하게 하는 게 좋은데, 이때 상의에 포인트를 주면 효과를 볼 수 있다. 남성 드리머의 경우에는 넥타이로, 여성 드리머의 경우에는 상의 재킷의 컬러나 브로치를 이용하면 좋다. 이때 자칫 과도하게 강조하여 현란하지 않도록 해야 한다.

(4) 프레젠테이션 준비절차 C.W.P.P.R

① Collect : 3P(People, Purpose, Place)에 따른 자료 수집

② Writing : 스토리 원고 작성

③ Prepare : 시각화 자료 준비

④ Prepare : 필요에 따라 유인물이나 메모카드 준비

⑤ Rehearsal : 리허설

(5) 프레젠테이션 시각화 준비

① 시각화의 중요성

　시각화는 시각을 동시에 자극하여 말과 이미지가 함께 전달되어 강력한 영상으로 오랫동안 기억되게 하는 작용을 한다. 사람이 가진 오감 중 정보 전달력과 기억력은 시각을 자극하고 활용할 때 효과가 가장 크다.

② 시각화의 장점

　㉠ 정확한 내용 전달 효과

　㉡ 호감도 증가

　㉢ 확실한 비전 제시 효과

③ 시각화를 활용하는 요령

　㉠ 단순한 시각화

　㉡ 한 화면에는 하나의 메시지만

　㉢ 내용과 연관되는 도형이나 이미지

　㉣ 숫자는 그래프로, 문자는 차트나 도형화

　㉤ 시각화 자료와 텍스트를 함께

　㉥ 텍스트는 길지 않게

　㉦ 색상은 3가지 이내

　㉧ 글씨 크기는 장소나 청중에 따라

(6) 프레젠테이션 내용 구성

시간이 짧은 프레젠테이션이라도 서론 – 본론 – 결론의 3단계로 구성해야 한다.

① 서 론

　전반적인 프레젠테이션의 주제나 말 할 것에 대해서 말한다.

　도입과 개요로 나눈다.

② 본 론

　주제를 뒷받침할 수 있는 근거를 말하는 부분으로써 시간이나 분량에 따라 2~3가지 정도로 나누어 구성하면 된다.

③ 결 론

　지금까지 말한 것에 대해서 요약과 결론을 말하는 부분이다.

(7) 프레젠테이션 시간 안배(10분일 때)

구 분	내 용	시 간
서론(10%)	도 입	1분 정도
	개 요	
본론(70%)	근거나 예시1	7분 정도
	근거나 예시2	
	근거나 예시3	
결론(20%)	요 약	2분 정도
	결 론	
	질문(Q&A) 필요 시	

(8) 프레젠테이션 불안 극복하기

발표하는데 있어서 불안감을 완전히 없애는 것은 어렵다. 하지만 마음가짐과 연습에 따라서 그 정도는 줄일 수 있다.

① 성공적으로 프레젠테이션을 하는 모습을 상상해 본다.
② 심호흡과 잠깐의 명상을 통해 마음을 진정시킨다.
③ 너무 잘 하려고 하는 욕심을 버리고 최선을 다하자고 마음을 먹는다.
④ 충분한 연습만이 살 길이다. 특히 처음부분을 완벽하게 연습해 두어 매끄러운 시작을 할 수 있도록 한다. 초반에 잘 하게 되면 오히려 자신감이 붙어 그 순간을 즐기게 될 수도 있다.

(9) 프레젠테이션 결과 평가

① Best 프레젠테이션
  ㉠ 자신감 있는 프레젠테이션
  ㉡ 정해진 시간 내에 마치는 프레젠테이션
  ㉢ 주제를 벗어나지 않는 프레젠테이션
  ㉣ 정확한 내용전달의 프레젠테이션
  ㉤ 청중을 고려해 준비한 프레젠테이션
  ㉥ 시선처리를 하여 청중과 호흡한 프레젠테이션
  ㉦ 적절한 제스처로 내용전달에 힘을 실은 프레젠테이션
  ㉧ 서론 – 본론 – 결론으로 구성된 프레젠테이션
  ㉨ 시각자료나 배포자료 등 준비가 잘 된 프레젠테이션
  ㉩ 명확한 말투와 발음의 프레젠테이션
  ㉪ 적절한 복장의 프레젠테이션

② Worst 프레젠테이션
　㉠ 시간관리가 미숙한 프레젠테이션
　㉡ 불안한 시선처리의 프레젠테이션
　㉢ 작은 목소리로 혼자만 말하고 끝내는 프레젠테이션
　㉣ 불필요한 제스처로 산만한 프레젠테이션
　㉤ 주제와 거리가 먼 횡설수설하는 프레젠테이션
　㉥ 성의 없는 차림의 복장을 한 프레젠테이션
③ 프레젠테이션 평가표

평가항목	평가점수				
	10	8	6	4	2
1. 프레젠테이션에 적합한 용모와 복장인가?					
2. 표정은 어색하지 않았는가?					
3. 시선처리는 잘 되었는가?					
4. 제스처는 적당했는가?					
5. 올바른 자세로 진행했는가?					
6. 서론 – 본론 – 결론으로 나누어 진행했는가?					
7. 논리적으로 설득력 있게 진행했는가?					
8. 명확한 말투와 발음으로 진행 했는가?					
9. 전체적인 준비는 잘 되었는가?(내용, 시각자료 등)					
10. 정해진 시간 안에 프레젠테이션을 마쳤는가?					
합계					

※ 한 평가 당 10점
• 90점 이상 : 매우 우수
• 80점 이상 : 우수
• 70점 이상 : 보통(부족한 항목 보완 필요)
• 70점 미만 : 미흡(프레젠테이션 평가요소 재점검 후 처음부터 준비 및 연습 필요)

05. 지피지기면 백전불태! 면접관 바로 알기

드리머에게 호감을 주는 이성이 생기고 그 사람과 교재를 하게 되었다면 보통 어떻게 하는가? 가능한 그 사람의 기호에 맞추려고 노력하게 된다. 옷 입는 스타일, 음식 먹는 것, 때로는 언행도 그 사람이 선호하는 대로 맞추려고 한다. 연애할 때는 나보다는 상대방을 생각하고 배려하게 되기 때문이다. 면접도 마찬가지라고 생각하면 된다. 물론 면접의 주체는 드리머이지만 면접의 평가자는 면접관이다. 즉 면접관이 선호하는 것을 제대로 파악해서 준비한다면 면접관의 호감을 사서 드리머에게 유리할 수 있다.

면접관은 별다른 사람이 아닌 드리머가 지원한 회사에 다니고 있는 사원이다. 임직원면접을 제외하고 면접관은 보통 대리부터 부장까지의 직책을 가진 평범한 직장인일 뿐이다. 소속된 기업이 원하는 인재 채용을 위해 그 업무를 담당하고 있는 직원인 것이다. 또한 면접관은 인재를 채용하기 위한 업무를 위해 전문적인 면접 교육과 훈련을 받는 사람이다. 이런 면접관 마음에 들기 위해 노력하는 드리머만 힘들 거라고 생각하는가? 그렇지 않다. 흔히 갑이라고 말하는 면접관도 나름의 고충이 있다.

인사담당자가 채용과정에서 겪는 고충에 대한 설문결과이다.

'온라인 지원자가 많아 서류전형 시 업무폭주(23.7%)', '합격자가 교육받은 후 바로 퇴사할 때(19.7%)', '지원자 스스로 어느 회사, 어느 직무에 지원한 줄 모르고 면접에 온 경우(14.7%)', '중복합격으로 최종합격 후 출근 안할 때(6.6%)' 등이 꼽혔다(출처, 연합뉴스).

바로 신입사원을 뽑고 나서의 뒷일을 신경 안 쓸 수 없기 때문이다. 자신이 선발한 직원을 막상 해당부서에 배치하고 나니 그 업무에 부적합한 인물이거나 혹은 입사한지 얼마 되지 않아 금방 퇴사를 하는 등 골칫덩어리가 될 수 있는 것에 대한 걱정이다. 이런 결과에 대한 문제 책임이 면접관에게 전부 있다고는 할 수 없지만 신경이 쓰이는 부분이기에 한 명 한 명의 사원을 선발할 때 마다 모든 촉각을 세워 면접관의 역할을 감당하는 것이다.

일부 기업에서는 연차가 얼마 되지 않은 사원을 면접관으로 둔다고 앞에서 말했다. 최근의 면접 경험으로 어떤 상황에서 드리머가 당황스러워 하고 난처해하는지 그 누구보다 잘 알고 있기 때문이다. 면접관은 드리머가 희망하는 회사에 입사할 수 있도록 기회를 줄 수 있는 고마운 사람이 될 수도 있다. 면접 때 드리머가 면접관에게 좋은 인상을 준다면 입사 후 회사생활 하는 데 있어 플러스가 될 수도 있음을 기억해 두는 것도 좋을 것이다.

만만한 TIP

역지사지(易地思之)!
드리머가 면접관이라면 어떤 지원자를 채용할 것인가? 면접관의 입장에선 평가요소를 중심으로 면접을 준비하면 준비가 보다 쉬워질 것이다.

06. 인재상은 어떻게 알 수 있지?

각자의 이상형이 있듯이 각 기업도 선호하는 인재상이 있다. 인재상은 기업이나 공공기관 등에서 지원자에 대한 희망사항이다. 그 회사가 추구하는 비전이나 미션에 같은 뜻을 가지고 함께 이루어 갈 수 있는 식구를 원하는 것이다. 예전의 인재상은 단순히 주어진 업무를 수행할 수 있는 성실함과 책임감이 강조되었다면 최근에는 능동적으로 업무를 기획하고 추진할 수 있는 자발적인 인재상을 선호한다. 또한 사회 분위기에 따라 기본적인 소양과 자질을 보다 중요시 한다.

각 회사의 인재상을 파악하는 데에는 단지 자기소개서나 면접에서 답변을 하기 위한 형식적인 수단이기 보다는 지원하고자 하는 기업을 이해하는데 도움이 될 수 있다. 해당 기업이 드리머가 희망하는 기업에 적합한지 생각하는 요소 중의 하나로 생각할 수 있다. 하지만 광범위한 의미와 일반화

된 단어표현으로 지원하고자 하는 기업의 인재상을 파악하는 게 쉽지 않을 수 있다. 그럴 때에는 보이는 것을 통해 그 범위를 줄이는 게 좋다. 바로 그 기업해서 하는 TV광고나 지면광고를 통해 팁을 얻는 것이다. 유심히 살펴보면 힌트를 얻기가 쉽다. CF의 내용이나 광고 문구를 보면 그 회사에서 원하거나 추구하는 이념을 알 수 있다. 회사가 이러한 사상에 부합한 인재를 희망하는 것은 당연한 것이다. 대대적인 광고를 하지 않는 기업이라면 해당 기업의 홈페이지에 들어가 꼼꼼히 살펴보길 바란다. CEO의 인사나 회사의 비전 그리고 인재채용 정책을 통하여 그 기업의 인재상을 확인할 수 있다. 지원하고자 하는 기업의 인재상을 알기 위해서는 결국 드리머의 관심과 발품을 팔아야 한다. 그 회사의 규모가 작을 때는 더욱 그렇다.

인재상을 알 수 있는 또 다른 방법으로 이미 그 회사에 다니고 있는 선배들을 통하는 방법도 있다. 선배를 통하여 질문할 수 없다면 해당 기업의 인사팀에 문의하여 알 수도 있다. 해당 인사팀에서는 당황해 할 수도 있다. 하지만 어쩌겠는가? 그것밖에 길이 없다면. 때로는 직구가 답인 경우도 있다.

일부 기업의 인재상을 알아보자

삼성전자	• 열정 • 창의와 혁신 • 인간미 · 도덕성
SK	경영철학에 대한 확신을 바탕으로 일과 싸워서 이기는 패기를 실천하는 인재
LG	LG Way에 대한 신념과 실행력을 겸비한 LG인(人)
한화	한화 구성원이 반드시 갖춰야 할 핵심가치에 부합하고 이에 따른 행동원칙을 실천하는 사람
현대자동차	• 도전 • 창의 • 글로벌 마인드 • 열정 • 협력
한국전력공사	• 기업가형 인재 • 통섭형 인재 • 도전적 인해 • 가치 창조형 인재
KT	• 끊임없이 도전하는 인재 • 고객을 존중하는 인재 • 벽 없이 소통하는 인재 • 기본과 원칙을 지키는 인재
롯데	• 실패를 두려워하지 않는 젊은이 • 실력을 키우기 위해 끊임없이 노력하는 젊은이 • 협력과 상생을 아는 젊은이

만만한 TIP

인터넷이나 취업 카페 등에 올라와 있는 인재상에 너무 의지하지 말자. 상황과 시기에 따라 바뀔 수 있으니 취업준비와 면접 전에 꼭 다시 확인해야 한다.

07. 인재 DNA

인재란 재주나 학식에 뛰어난 능력을 가진 사람을 일컫는 말이다. 그럼, 과연 타고난 인재 즉 인재 DNA를 가진 사람이 있을까? 미술, 음악, 체육 등 소위 예·체능계열이라고 하는 부분은 타고난 DNA가 있지만 반면에 인재 DNA는 타고나는 것이기 보다는 후천적인 노력의 결과라고 생각한다. 타고난 예술적인 능력도 갈고 닦는 노력이 없다면 끝내 피나게 노력하는 사람에게 그 재주를 추월당하게 된다. 인재로서 성장할 가능성의 차이를 어느 정도 가지고 태어났느냐의 문제지 그것이 인재가 되느냐 안 되느냐의 문제라고는 볼 수 없다. 이 세상을 살아갈 원동력은 이미 내게 주어진 DNA에 아니라 내가 가진 것을 찾고 그것을 어떻게 개발하느냐에 따라 달려있는 것이다.

드리머보다 집안 환경이 좋거나 큰 노력을 굳지 하지 않아도 미래가 보장된 것 같은 주변인이 있는가? 그러한 집안도 처음 누군가에 의하여 나름의 분야에서 인재 DNA를 발휘한 조상이 있을 것이다. 자신의 인재 DNA를 발굴하여 부단히 노력했기에 가능했던 일이라고 생각한다. 그럼, 우리 가문의 인재 DNA는 어디에서부터 시작될 것인가? 바로 이 책을 읽고 있는 드리머에서부터 시작하면 된다. 인재 DNA는 바로 자신이다.

만만한 TIP

바로 나 자신을 지원하고자 하는 회사의 맞춤 인재 DNA로 만들어 보자. 기본적인 DNA에 드리머만의 창조적인 DNA를 개발하자.

금융사 취업 좁은 문..이런 인재 원한다

좁은 문을 뚫고 금융회사에 입사하려면 어떻게 해야 할까. 금융회사 인사담당자들은 "회사별로 요구하는 인재상을 숙지하면 취업에 도움이 될 것"이라고 말했다.

◇ 은행, 고객 최우선 사고. 팀워크 중시

은행들은 열정적이고 변화를 추구하면서도 믿음직하고 조직에 융화가 잘되는 인재를 선호하는 경향이 많다.

수출입은행은 신입직원 채용 때 국제금융에 대한 이해가 높고 외국어 능력이 우수한지를 살핀다. 해외 거래가 많은 특성 때문이다. 또 소규모 전문가 집단이기 때문에 팀워크를 해치지 않을만한 성품인지를 중요하게본다.

우리은행은 품성이 바르면서 전문성을 갖춘 인재를 선호한다.

신한은행은 신한금융그룹의 핵심 가치에 맞는 인재를 찾는다. 고객의 믿음직한 동반자이면서 최고 금융전문인, 훌륭한 팀워크로 높은 성과를 창출하는 시너지 창조인 등이다.

신한은행 관계자는 "면접에서 왜 자기를 채용해야 하는지를 명확히 설명해야 한다"고 말했다.

기업은행도 고객 최우선의 사고와 열정을 갖춘 인재, 근성 있는 인재를선호한다. 외환은행은 2박 3일간 합숙하는 '프리워크숍'을 통해 열정과 능력을 갖추고 변화를 창조하는 인재인지를 평가한다.

금융감독원은 업무 능력과 함께 신뢰감, 진취성, 서비스 정신, 윤리의식을중점적으로 살피고 자산관리공사는 주인의식과 전문성, 고객 지향 정신등에 중점을 둔다.

한국은행은 전공 지식 외에도 중앙은행이 다양한 역할을 하는 데 필요한자질을 갖춘 인재를 뽑기 위해 올해 채용에서 필기시험 비중을 줄이고 심층면접을 추가할 예정이다.

필기시험에서 영어 과목을 폐지해 점수 비중을 100점 줄이고 면접 비중을 100점 높여 필기, 면접 배점을 통일한다. 다만, 토익 성적 제출과 영어면접은 유지된다.

심층면접의 경우 연수원에서 하루 종일 실무진 면접을 하면서 통화정책이나 최근 경제상황 등에 대한 견해를 논리정연하게 펴는 능력을 평가하게 된다.

한국은행 인사 담당자는 "최근 경제 이슈와 관련해 본인의 입장을 정리해 두는 게 유리할 것"이라고 조언했다.

◇ 증권사 입사에는 자격증 등 전문성 중요

증권사들은 증권시장에 대한 관심과 전문성 등을 강조하면서도 고객과의 관계를 잘 이끌어 갈 수 있는 태도를 주요하게 본다.

한국투자증권은 도전정신과 열정을 핵심 요인으로 보고 있다. 증권업에 관심을 두고 자격증을 따두거나 기초를 닦은 지원자가 유리하다. 굿모닝신한증권도 믿음직하면서 시너지를 창출하는 능력이 있는 인재를 원한다. 면접 때에는 증권업계에 들어오려고 어떤 준비를 했는지 등을 중요하게 살핀다.

동양종금증권은 일등을 하겠다는 자세를 가졌는지에 초점을 맞추고 있다. 이와 함께 금융이나 주식시장에 대한 열정이 있는 영업맨을 원한다. 동양종금증권 관계자는 "얼마나 치열하고 열정적으로 생활해왔는지를 면접에서 선명하게 보여주는 게 중요하다"고 말했다.

HMC투자증권은 도전을 즐기고 주변으로부터 신뢰받는 인재를 원한다. 면접에서는 조직에 적응할 수 있는 기본적인 인성과 증권업에 대한 기초지식 등을 주로 살핀다.

대우증권은 열정적이면서 세계적인 경쟁력을 갖춘 인재를 원한다. 또 서울지역 지점에 근무하려는 지원자가 많기 때문에 지방 근무가 가능한 사람을 우대하는 편이다.

대우증권 관계자는 "자기소개서에 많은 것을 열거하지 않고 한두 가지 핵심적인 사항을 부각시키는 것이 좋은 점수를 받는 길"이라고 말했다.

삼성증권은 윤리의식과 창조정신, 프로정신, 배려하는 마음을 갖춘 인재를 선호하고 미래에셋증권은 잔재주가 많은 사람보다는 기초가 튼튼하고 성실한 사람을 찾는다. 또 여행과 독서 등 다양한 경험을 통해 문제해결 능력을 갖춘 사람을 높이 평가한다.

하나대투증권은 주인의식을 갖고, 고객 입장에서 생각하고 행동하는 인재를 원하며 현대증권은 심층 면접을 통해 인성과 역량, 태도를 종합 평가한다.

◇ 보험·카드사, 창의적, 도전적 인재 선호

삼성생명은 전문성과 창의성을 갖춘 글로벌 금융인을 찾고 있으며 교보생명은 정직하고 성실하면서 도 도전적인 인재를 원한다.

교보생명 관계자는 "고객이 원하는 가치를 잘 제공할 수 있는 자질과 인성 등을 주의 깊게 본다"고 말했다.

비씨카드는 다양한 인재를 뽑으려고 학교, 전공, 연령 등의 제한을 두지 않고 있으며 외국어 능통자에게 폭넓은 기회를 제공한다. 롯데카드는 당장 재능보다는 투철한 의지와 업무에 대한 자부심, 사명감을 겸비한 인재를 원한다. 현대카드는 진취적이면서 국제적 감각을 고루 갖춘 인재를, 삼성카드는 인간미와 도덕성으로 충만한 사람을 선호한다.

– 기사출처, 연합뉴스

THE 알아보기   직업별 준비 팁(공무원·금융인·언론인·서비스인)

(1) 공무원 면접

① 공무원 면접 특징

Blind(무자료)면접이 가장 큰 특징이라고 할 수 있다. 필기시험 성적이나 출신 학교, 성적 등과는 무관하게 당일의 면접으로만 당락이 결정된다. 면접 전 면접관에게 지원자의 정보가 제공되지 않기 때문에 경우에 따라서 필기시험 점수가 낮거나 지방대학 출신의 지원자에게 기회가 될 수 있다. 〈면접 평가요소〉 다섯 가지 가운데 동일 요소에 대해서 3명의 면접관 가운데 2명의 면접관이 '하'로 평점하는 경우에는 무조건 불합격 처리가 되므로 지원자에게 불리할 수 있는 요소가 없도록 철저하게 준비해야 한다.

② 공무원 면접 평가요소 다섯 가지

　㉠ 공무원으로서의 정신자세

　㉡ 전문지식과 응용능력

　㉢ 의사표현의 정확성과 논리성

　㉣ 예의 · 품행 및 성실성

　㉤ 창의력 · 의지력 및 발전가능성

③ 공무원 면접 이미지 연출 팁

전반적으로 보수적이고 무난한 스타일로 연출해야 한다. 공무원직을 수행해야 하는 자리이기에 화려해 보이거나 개인의 취향을 마음껏 살리기보다는 검소하게 보이도록 연출하는 편이 낫다. 헤어스타일, 정장, 액세서리, 구두 등을 튀지 않는 색상과 디자인으로 준비한다. 또한 공무원에 대한 자부심과 자신감을 나타낼 수 있도록 답변내용과 자세를 준비한다.

(2) 금융인 면접

① 금융인 면접 특징

일반 대기업과 크게 다르지 않지만 각 금융사마다 차이가 있으므로 지원하고자 하는 은행의 인재상과 면접특징은 구별하여 준비해야 한다.

② 금융인 면접 이미지 연출 팁

돈에 관련된 직업일 뿐만 아니라 업무에 따라서는 고객을 응대할 수 있는 직업군이므로 신뢰감과 더불어 고객응대 서비스자세를 필요로 한다. 남성지원자의 경우에는 감색의 정장을, 여성지원자의 경우에는 차분한 톤의 재킷과 밝은 톤의 이너를 착용하여 또렷한 인상을 주도록 한다. 이미지 연출에 있어 깔끔하고 분명한 인상을 주도록 하되 면접관의 질문에 따라 밝은 미소도 잊지 않도록 한다.

(3) 언론인 면접

① 언론인 면접 특징

언론분야의 면접은 언론고시라 하여 타 시험과 면접에 비해 오랜 시간을 준비한다. 오랜 시간을 두고 준비를 하지만 워낙 경쟁률이 높은 분야이기 때문에 처음에 지원자가 입사하고자 하는 언론사에 입사하기보다는 비교적 규모가 작은 곳이나 관련 업무를 통해 경력을 쌓은 후 최종적으로 원하는 곳에 입사하는 경우도 많다. 언론사에 따라 면접절차나 방법이 차이가 있을 수 있기 때문에 준비에 앞서 우선 입사하고자 하는 곳을 선정해야 한다. 다양한 면접형태와 절차에 따른 맞춤화 전략이 필요하다. PD의 경우에는 인턴기간 동안의 적합성을 평가하여 최종 결정하는 경우도 있다. 타 직업군에 비해 채용절차나 기간이 길 수 있으므로 지치지 않도록 최단의 기간에 최선의 결과를 얻도록 해야 한다. 해당 언론사에 대한 충성심과 회사의 색깔을 대변할 맞춤화 전략이 답이다.

② 언론인 면접 이미지 연출 팁

말과 글로 나타나는 직업이기에 보이는 이미지에서 신뢰감이 우선되어야 한다. 방송에서 비춰지는 언론인을 바라는 드리머는 시험을 준비하기로 마음먹은 날부터 평상시의 눈빛, 표정, 자세뿐만 아니라 말하는 것에도 신경 써야 한다. SNS도 예외일 수는 없다. 몸에 좋은 습관이 배도록 미리부터 준비하자.

아나운서 면접 이미지는 승무원 면접처럼 정형화된 이미지가 있다. 방송사에서 추구하는 이미지를 준비하되, 정형화된 틀에 맞추기보다는 자신의 강점을 찾아 부각시키는 데 주력해야 한다. 일반적인 기자의 경우에는 차분한 회색계열의 정장을 착용하여 신뢰감과 깔끔함을 주도록 한다.

(4) 서비스인 면접

① 서비스인 면접 특징

서류전형과 두세 번 정도의 면접을 통해 선발한다. 고객을 응대해야 하는 직무가 많은 직군이기에 투철한 서비스 마인드와 인성을 보는데 주력한다. 면접에 따라 해당 업무의 고객응대 상황별 질문이나 토론을 통하여 지원자의 적합성을 판단한다. 평상시 친절한 태도와 커뮤니케이션 스킬을 키워 고객 응대 시 필요한 기본자세를 지니도록 한다.

② 서비스인 면접 이미지 연출 팁

서비스 인으로서 가장 이상적인 이미지는 호감을 주는 인상과 바른 몸가짐이다. 호감을 주는 인상을 가지기 위해서는 따뜻한 눈빛과 웃는 얼굴이 절대적으로 요구된다. 착용한 옷뿐만 아니라 보이는 얼굴과 몸짓에서도 준비된 서비스 인으로 보여야 한다. 이러한 자세가 몸에 밴 지원자도 있지만 그렇지 않은 지원자의 경우에는 어색해하고 그 어색함이 면접장에서 보인다. 승무원 양성강사 당시, 친절한 척하는 그 모습은 노력하는 자세로 보이기보다는 가식적으로 보이는 것에 가까웠다. 면접장에서의 일회성 연기가 아니라 자연스러운 모습으로 보이도록 지금부터라도 친절한 말과 행동이 자연스럽게 나타날 수 있도록 의식적으로 노력해야 한다.

Chapter
02

취업목표 세우기

01. 내 인생의 로드맵

과거보다는 미래를 주제로 하는 영화가 관객의 호감을 더 사는 것 같다. 상상을 초월하는 최첨단 기계와 시설이 눈앞에 펼쳐질 때에는 한 시도 눈을 뗄 수가 없다. '저런 세상이 정말 올까?' 하는 생각도 잠시. 어렸을 적 보았던 영화의 장면들이 현실에서 이미 나타난 것을 보며 영화의 다른 모습도 그리 멀지 않았음을 생각한다. 이런 대단한 것들을 배경으로 한 장르의 영화가 아니어도 미래를 소재로 한 영화에 대한 관심은 크다. 미래에 대한 기대감과 호기심이 없는 사람은 없기 때문이다.

일반적으로 사람은 과거보다는 미래에 보다 긍정적인 편이다. 우리는 보통 과거를 회상할 때면 이렇게 말하곤 한다. '그때 그렇게 했어야 했는데', 혹은 '하지 말았어야 했는데'라고. 반면에 미래를 얘기할 때에는 '그것을 할 것이다.' 혹은 '하고 싶다.'라고 표현한다. 과거를 아쉬움이라고 표현한다면 미래는 의지를 반영한 기대라고 할 수 있을 것이다. 그러한 작은 긍정적인 시각, 눈꽃송이만한 희망이라도 있기에 지금의 고난과 고통도 견딜 수 있는 것이 아닐까? 현재 어려움이 있지만 보다 나은 미래를 꿈꾸기에 견뎌낼 힘이 있다.

상상하는 데에는 돈도 조건도 필요하지 않다. 누구나 공평하게 상상할 수 있다. 다만, 그 상상의 그림이 내게 힘을 주는 그림인지 아니면 더욱 절망하게 만드는 그림인지의 차이일 뿐이다.

지니가 20살이 되던 해, 대학입학을 앞두고 교회에서 겨울수련회를 갔다. 그때 주제는 비전이었다. 꿈에 대해 그림을 그리고 나누기 좋아하던 지니에게는 더없이 좋은 주제였다. 더군다나 새로운 시작을 하는 시기였던 만큼 인생의 목표와 계획을 세우는 것은 큰 의미가 있었다. 3박 4일의 프로그램 중에 지니의 가슴을 가장 뛰게 만들었던 것은 미래의 내 모습을 상상해 보고 적고 나누는 시간이었다. 10년부터 30년 후의 모습을 상상하는데 왠지 모르게 가슴이 뛰고 흥분되었다. 멀리 있는 것이 아니라 마치 손에 잡힐 듯이 근처에 와있는 것 같았다.

하단의 그림이 지니가 갓 20살이 되었을 때 작성한 인생의 로드맵이다. 20살에 작성한 것이니 차례대로 30살, 40살, 50살의 모습을 상상한 것이다.

뒤돌아 생각해 보면 지니는 어렸을 때부터 미래에 대한 구체적인 계획과 그림이 있었다. 해당 나이에 상상하는 내 모습을 구체적으로 그렸으니 말이다. 그 예로 이른 나이에 세운 20대의 계획을 보면, 대학교 졸업 후 사회생활을 3년 정도 한 후 26살에 결혼을 하고 28살에 첫 아이를 출산하겠다는 생각을 했다. 그럼, 실제 현실에서는 어떻게 되었을까?

23살에 결혼했고 그리고 27살에 첫 아이를 출산하는 것으로 그림을 채웠다. 너무나도 놀라운 것은 20살에 상상했던 10년 후의 모습, 즉 30살의 모습은 정확하게 일치했다. 20년 후의 모습인 40살의 모습도 크게 다르지는 않다. 하지만 30년 후의 모습은 상상했던 것과는 조금 다를 것 같다. 50살의 지니는 여유를 부리기보다는 여전히 현장에서 일을 할 것 같기 때문이다.

상상하는 것은 힘이 있다. 상상하고, 그림 그리고, 적고. 구체화하는 것에는 분명 놀라운 힘이 있다. 이미 많은 유명인들의 삶을 통해서도 입증됐을 뿐만 아니라 오래 살지 않은, 그리고 대단하지도 않은 지니의 삶을 통해서도 증명되었다.

다음은 지금까지 지니가 그렸던 꿈이 현실에서 이루어진 것들이다. 과거부터 최근까지의 순으로 적었다.

- 외국어고등학교 입학
- 싱가포르 펜팔친구 셀리나의 방문 및 지니의 싱가포르 방문
- 미국 어학연수
- 초등학교 때부터 꿈꾸던 배우자 만나기
- 서비스 강사 되기
- 서비스 강사로서 삼성에버랜드 입사
- 강사로 대학 강단에서 강의
- 건강한 아이들 출산
- 지니가 기획한 서비스강사양성과정 진행
- 방송강의
- 아파트로 이사
- 책 집필
- 비행기 타고 출강
- 지니가 기획하고 총 진행한 취업캠프
- 운전하며 출강
- KBS 아침마당 출연

굵직굵직한 것들만 나열해 보았다. 리스트를 보고 혹자는 지니 자랑 아니야? 혹은 평범한 거 아니야? 라고 할 수도 있을 것이다. 하지만 분명히 말해둔다. 어쩌다 보니 지니가 하게 되고 이룬 것들이 아니라 이 모든 것들이 간절하게 그리고 철저하게 상상했던 것들이었다.

지니는 여전히 상상한다. 세상의 조건과 배경에 구속되지 않은 지니만의 꿈과 바람으로 상상한다. 하나하나 채워가는 그 재미와 보람, 그 희열은 경험해 보지 않은 사람은 결코 알 수 없다. 바로 그 맛을 드리머도 맛보길 바란다. 자, 이제 드리머의 차례이다. 내 인생의 로드맵. 과연 어떻게 상상할 것인가? 드리머의 10년 후, 20년 후, 30년 후의 모습을 상상하고 적어보자. 지니는 20살에 기록한 것을 30살이 넘어서 우연히 발견하였다. 지니처럼 시간이 흐른 후에 이 기록을 펼쳤을 때 내 모습과 어떻게 근접해 있는지 확인해 보자.

✏️ 가슴 떨리는 미래를 그려보자

구 분	사회에서의 모습	가정에서의 모습
10년 후		
20년 후		
30년 후		

▲ 'ㅎ'대학교 글로벌 리더십캠프 중 로드맵 작성 시간

02. 취업준비 뭐부터 할까?

1. 인성을 다듬자!

인성(人性)이란, 각 사람이 가지고 있는 나름의 성품을 말한다. 사람이 생각하는 것에서 비롯된 태도와 행동을 뜻하기도 한다. 면접담당자들은 이 '인성'을 면접 시 가장 중요한 우선 체크항목으로 생각한다. 그럼, 그 짧은 면접시간 동안에 지원자들의 인성을 면접관들은 어떻게 알 수 있단 말인가? 인성은 그 사람의 언행을 통해 어렵지 않게 알 수 있다. 특히나 면접 중 예기치 못한 상황이나 돌발 상황에서 지원자의 인성을 어렵지 않게 볼 수 있다.

승무원 영어 인터뷰강사 재직시절, 시험을 본 학원생으로부터 응시생의 면접장 실수담을 들었다. 같은 그룹 중 한 명이 앞서가는 지원자의 뒷굽을 밟아 신발이 벗겨졌다. 그 순간 신발이 벗겨진 지원자는 "에이, ××"하며 욕을 내뱉었다고 한다. 욕한 지원자는 너무나도 당황한 나머지 얼굴이 빨개지고 면접 내내 말이 꼬이는 실수를 연발하며 면접을 제대로 못 봤다고 했다.

인성은 하루아침에 형성되는 것이 아니다. 좋은 인성을 가지고 있는 척하는 것도 시간이 흐르면 금세 탄로가 나고 만다. 척이 아닌 온전한 내 것이 될 수 있도록 오랜 시간 다져야 한다는 것이다.

어른들은 요즘 젊은 사람들이 버릇이 없다고 한다. 우리가 흔히 말하는 싸가지가 없다는 것이다. 취업준비생들의 대부분은 젊은이들이다. 즉, 이 책을 읽는 대부분의 드리머에게 어른들은 싸가지가 없다는 생각을 하고 있다는 것이다. 왜 우리는 싸가지가 없다는 말을 들을까? 우리가 쉽게 뱉는 말과 행동이 그런 말을 듣도록 하는 것이다. 싸가지가 없는 모습은 강의실에서도 쉽게 볼 수 있다. 모자를 깊이 눌러 쓴 모습, 휴대폰을 계속해서 만지는 모습, 껌을 씹는 모습, 옆 친구와의 속삭임이 끊이지 않는 모습, 예의 없는 태도로 대답하는 모습 등 참으로 안타까운 모습이다. 우리는 이미 어떻게 행동하고 말을 해야 하는지 알고 있다. 유치원 때부터 많은 교육을 통해 규범, 규칙, 질서 등을 배우지 않았는가? 여러 번 강조해도 지나치지 않는 것! 기본을 지키고 또 그 기본을 실천하는 것이다. 이러한 것들이 차곡차곡 쌓였을 때 자신을 대변할 수 있는 '인성'이 만들어지는 것이다.

2. 기본소양을 닦자

신입사원 교육 시, 소양교육을 진행하는 곳이 있다. 간혹 의문이 든다. 소양교육을 며칠 받는다고 해서 없던 소양이 갖추어질까? 소양이란 평상시에 갈고 닦는 것이기 때문이다. 신입사원 교육 프로그램은 입사 후 조직생활과 업무에 필요한 중요부분을 중심으로 기획하고 진행한다. 그 프로그램 안에 소양교육이 있다는 것은 구직자들이 취업을 위한 스펙은 너무나도 잘 준비하여 오히려 넘쳐나지만, 사회생활에 필요한 기본 소양은 부족한 경우가 많다는 것을 나타내는 것이다. 이러한 문제점을 나타내듯 요즘 사회 여기저기에서 직원들의 기본적인 소양 문제로 사회적 이슈가 되는 경우가 있다. 발빠르고 앞서가는 기업은 소양의 중요성을 더욱 인지하여 채용이나 직원 교육에 반영하는 경우가 많아질 것이다. 일각에서는 인문학적 소양을 갖춘 인재가 더 좋은 성과를 낸다고 하는데 이를 반영하듯 우리나라를 대표하는 한 기업은 소양을 갖춘 인재를 채용하는 것을 점차 늘릴 전망이라고 한다.

그럼, 이러한 소양을 어떻게 쌓을 수 있단 말인가? 폭넓은 독서를 통해 쌓을 것을 권한다.

지니의 경우, 고등학교에서 수학능력 시험을 준비하면서 그동안 부족한 독서에 대해 큰 후회를 했다. 모든 공부의 기본은 독서에서 기본기를 익힐 수 있다는 것을 알았다. 제대로 된 읽기가 기본적으로 되어야만 다른 학습을 수월하게 할 수 있다.

우리는 매우 바쁜 나날을 보내고 있다. 각 학년별 선행학습, 고등학교 입시, 대학 입시, 그리고 지금 여러분 앞에 놓여있는 취업의 관문. 가만히 앉아 여유롭게 책 읽을 상황이나 분위기가 조성이 안 되었고 시간도 없다고 할 것이다. 하지만 앞으로 우리에게 남아있는 인생 중 바쁘지 않은 날은 얼마나 될까? 어제도 오늘도 그리고 내일도 여유는 없을 것이다. 지금껏 그랬던 것처럼 분주할 것이란 말이다. 조금 시간이 생기면, 여유로워지면 독서를 한다고 미루고 있는가? 바로 지금 짬을 이용해서라도 독서를 하는 습관을 길러야 한다. 지니는 지난 몇 년간이 나의 인생에 있어 가장 많은 독서를 한 시간이다. 강의를 하면서, 내게 주어진 이런저런 역할을 하면서 하루에 3~4시간 자면서도 책을 가까이 하는 독한 습관을 가지도록 했다. 시간이 생길 때 휴대폰으로 SNS를 하거나 텔레비전 리모컨을 드는 대신 많은 책을 읽도록 노력하는 것이다.

길을 걷다가 흘러나오는 클래식 음악의 제목이 궁금한 순간에 제목을 말해주는 동료, 길가에 전시된 미술작품이나 화가에 대해서 설명해 주는 동료, 문학적 배경이나 작가에 대해서 설명해 주는 동료. 설명은 하는데 잘난 척이 아닌, 툭 던지듯 가볍게 하는 것. 그건 마치 몰랐던 그의 외국어 실력을 외국 바이어와의 미팅 때 자유롭게 free talking 하는 모습을 포착했을 때처럼 그 동료가 달라 보일 것이다. 그 멋진 동료, 당신이 되고 싶지는 않은가?

3. 바른 태도를 갖자

요즘 면접관들이 면접에서 가장 중요시 하는 것 가운데 하나가 인성이라고 했다. 이 인성이 사회생활을 함에 있어서 중요한 요소이기 때문이다. 그럼 이 인성은 면접에서 어떻게 평가할 수 있을까? 그렇다. 바로 면접에 임하는 태도를 가지고 평가한다. 면접 시 감점을 받는 항목 가운데 지원자의 태도불량이 큰 부분을 차지하니 드리머가 신경 써야 할 부분임에는 틀림없다.

그런데 이 태도는 하루아침에 만들어지는 것이 아니기에 드리머의 나쁜 태도를 인지한 순간부터 바로 바꿀 수 있도록 해야 한다. 지니가 대학 강의를 할 때 버릇없는 행동을 하거나 예의에 어긋나는 태도를 가진 학생들을 보면 참으로 안타깝다. 그런 모습을 통해 학교 밖의 생활태도도 짐작할 수 있는데 언젠가 그런 나쁜 태도로 인해 어려움이나 당황스러운 일을 경험할 수도 있기 때문이다. 운이 좋아, 혹은 연기를 잘하여 면접에 통과하였다고 해도 습관이 된 나쁜 태도는 언젠가 조직생활에서 빛(?)을 발한다. 조직생활에서 나쁜 태도는 여러모로 마이너스가 된다는 것을 명심하길 바란다. 나의 이런 태도를 미래의 나이 아이들이 여과 없이 닮는다는 것도 기억해야 할 부분이다. 드리머는 일상생활에서부터 바른 태도를 가지기 위해 점검하고 또 신경 써야겠다.

4. 적성을 찾자

내가 무엇을 좋아하는지, 어떤 일을 잘하는지 모르겠다면, 학교의 취업지원센터의 도움을 받아보자. 지니가 학교를 다닐 때에는 이런 지원이 없어 직접 발품을 팔거나 경험을 통해서만 알 수 있었다. 하지만 요즘은 학교 취업지원센터에 적성검사를 할 수 있는 프로그램이 있다. 이런저런 경험을 통하여 드리머의 적성을 찾는 게 가장 좋겠지만 여의치 않다면 도움을 받아보자. 객관적으로 자신의 적성과 소질을 진단하면 직업을 선정하는 일이 훨씬 수월할 수 있다.

기억하라! "하늘은 스스로 돕는 자를 돕는다."

5. 꿈을 알려라

지니가 고등학교 때 친구들 사이에서 가장 인기가 있었던 가수는 H.O.T와 젝스키스라는 그룹이었다. 그 당시에는 좋아하는 연예인의 사진이나 영상물을 수집하는 게 유행이었다. 지금도 그런 것들을 수집하는 학생들이 있겠지만 그때에는 지금보다 흔하지 않았던 자료이기 때문에 잡지책이나 신문에 해당 연예인이 나오면 수집하기 위해 난리도 아니었다. 서로 각자 좋아하는 연예인의 사진을 오려서 주고받고는 스크랩하였다. 솔로가수와 다르게 그룹의 사진은 서로 모여서 찍은 경우가 많아 멤버를 분리하는 작업은 여간 힘든 게 아니었다. 하지만 지니는 이런 일에서 자유로웠다. 쉬는 시간에 여자 친구들이 전날 녹화해 온 가수들의 비디오를 상영하는 것보다는 남자친구들이 보기를 희망하는 야구 경기 중계를 더 좋아했다. 지니가 좋아했던 사람은 가수가 아닌 그 당시 미국에서 한창 선수생활을 하고 있던 박찬호 선수였기 때문이다. 그런 걸 알았던 남자 친구들은 신문에 박찬호 선수가 나오면 자주 사진을 주고는 하였다. 서로 누가 누구를 좋아하는지 잘 알았기에 친구가 좋아하는 사람에 관련된 뉴스나 사진이 나오면 해당 친구에게 공유를 했다. 그렇다! 알아야 나눌 수 있다.

학창시절에 지니가 미국에서 공부하고 싶어 했다는 것을 주변의 친한 친구들은 잘 알고 있었다. 그렇게 시간이 지나고 21살이 되던 해, 한 친구가 지니에게 좋은 정보가 있다며 신문에 난 한 광고를 오려다 주었다. 미국에서 아이들을 대상으로 진행하는 캠프에 영어로 봉사할 수 있는 자원봉사자를 모집한다는 내용이었다. 인터뷰에 통과하면 자원봉사자로서 방학 동안에 미국에서 진행되는 캠프에 대부분의 비용지원을 받아 참여할 수 있었다. 소식을 접한 지니는 지원하여 서울에서 진행되는 영어인터뷰를 보았다. 주최 측에서 한 번의 기회를 더 주기는 했지만 아쉽게도 인터뷰에 통과하지 못했다. 인터뷰에 통과하지 못해 미국에는 못 가게 되었지만 그 인터뷰만으로도 많은 것을 깨닫게 되었다. 가장 큰 것은 청주라는 곳에서 우물 안의 개구리로 지냈다는 것이었다. 지니는 청주에서 가는 곳마다 영어를 잘 한다고 해서 정말 우수한 회화실력을 가지고 있는 줄 알았다. 그 일로 결과적으로는 외국에서 공부하고 싶다는 바람을 더욱 키우게 되었다. 한 친구의 정보로 그냥 지나칠 수 있었던 것을 알고 경험하게 되었다.

드리머에게 꿈이 있는가? 계획하는 것이 있는가? 그런 드리머의 생각과 바람을 주변 사람들에게 알려라. 생각지도 못하게 드리머에게 도움을 줄 수도 있고 정보를 얻을 수도 있다. 말로 씨를 뿌려라! 말에는 실행 능력이 있다. 말로 선포하면 놀라운 힘을 발휘해 현실에서 이루어지는 것을 경험하게 될 것이다.

만만한 TIP

드리머의 소양과 인성을 점검하자. 본격적인 취업을 준비하기에 부족함이 없는지 확인해 보자.

03. 1학년부터 4학년까지 학년별 W.E.C.E 취업전략

4년 동안 드리머가 성실히 취업을 준비한다면 분명 밝은 비래를 보게 될 것이다. 그러한 소망을 담아 W.E.C.E(we see)로 정리해 보았다.

1. 1학년 : Warming-up

1학년은 워밍업, 단어 그대로 취업을 준비하는 단계이다. 그간의 대학입시를 위해 고생한 기억이 가시기도 전에 또 다른 관문을 위해 시작을 해야 한다고 하니 진저리가 날 수도 있다. 미리부터 겁을 먹거나 스트레스를 받을 필요는 없다. 어차피 취업에 대한 부담이나 체감이 적기 때문에 크게 고민도 안 될 것이다. 다만 너무 생각 없이 1학년을 보내면 안 된다. 3~4학년을 염두에 두고 간보기를 할 시기이다.

학점 관리

어느 학년을 막론하고 학점을 소홀히 해도 되는 학년은 없을 것이다. 1학년 때 학점관리에 더욱 신경 써야 하는 이유는 학부제가 있는 학교의 경우에는 1학년의 성적에 따라 우선적으로 전공학과를 선택할 수 있는 기회가 부여되기 때문이다. 드리머의 학점에 따라 선택된 전공이 나머지 3년의 대학생활과 더 나아가서는 미래의 직업까지도 영향을 줄 수 있으므로 학점관리에 신경을 써야 한다.

적성검사

드리머가 자신의 적성을 파악하지 못 했다면 진로·적성검사를 통해 알 수 있는 방법도 있다. 진로·적성검사 결과를 맹신할 수는 없지만 드리머가 몰랐던 자신의 흥미나 잠재력을 아는 데 도움이 될 수 있다. 진로·적성검사 툴에 따라 유료 또는 무료로 진단 받을 수 있다. 먼저 학교 취업정보

센터에 문의하여 진단가능여부를 문의해 보길 바란다.

다음은 진로ㆍ적성검사를 무료로 받을 수 있는 곳의 사이트 주소이다.

워크넷	http://www.work.go.kr
커리어넷	http://www.career.go.kr

봉사활동

봉사활동이라고 하면 형식적이거나 대단한 것을 생각하기가 쉽다. 대학을 가기 위해 학창시절에 봉사활동을 했는가? 그보다는 보다 의미 있게 나의 몸과 마음, 때로는 물질적인 것을 포함해 활동을 시작해 보자. 나중에 성공해서 혹은 시간적인 여유가 생겨서 봉사활동을 하겠노라고 하지만 그 다짐을 지키는 사람은 많지 않다고 본다. 우리는 언제나 바쁠 것이며, 금전적인 여유가 있기 전에 소비해야 할 곳이 많이 보일 것이다. 지금부터 조금씩 함께 하고 나누는 마음으로 작은 것에서부터 시작해 보자. 나와 이 사회를 위해서도 물론 좋은 일이다. 하지만 이러한 일이 내가 취업을 하는 데에도 도움을 줄 수 있다니 이보다 좋은 일이 있을까? 비슷한 스펙과 조건을 가진 지원자 둘 중 봉사활동을 하는 지원자와 아닌 지원자 중 과연 누구에게 마음이 가겠는가? 꾸준한 봉사활동을 했다는 것만으로도 기본 이상의 인성과 마인드를 볼 수 있다. 처음에는 계산적인 목적이 있어 활동을 시작할 수 있겠지만, 그 과정과 결과는 내가 얻은 것이 더 많은 귀한 선물이 되어 돌아올 것이다. 2학년이 되면 시간적인 여유도 더 없을 것이다. 시간적인 여유가 그나마 있는 1학년 때부터 의미 있는 귀한 활동을 작게나마 시작해 보자. 이런 봉사활동이 내 생활에 익숙해지면 많은 시간을 들여 연례행사처럼 해야 하는 것이 아닌 삶의 일부가 되어 한 번 활동하는 데에도 부담이 덜할 것이다. 자, 주변을 둘러보고 넉넉한 마음을 키우자!

어렵게 대학생이 됐는데 어찌 취업만 바라보며 시간을 보내겠는가? 1학년은 다양한 경험을 통해 사회인으로서의 맛을 보는 시기이다. 동아리를 통해 취미나 특기활동 뿐만 아니라 동아리 선배와 동기들과의 교류를 통해 미래의 조직생활을 미리 경험해 볼 수 있을 것이다. 다양한 아르바이트나 행사의 자원봉사 활동을 통해 드리머의 흥미나 적성을 파악할 수 있는 기회가 될 수도 있다. 소개팅이나 미팅을 통하여 이미지나 커뮤니케이션 스킬의 중요성도 알게 될 것이다. 1학년이라면 누리고! 즐기고! 맛보라! 단, 학점관리는 해가면서 새내기의 특권을 누리길 바란다.

2. 2학년 : English

2학년은 영어에 관심을 가지고 준비를 해야 하는 단계이다. 어학연수를 계획한다면 2학년 때 다녀올 것을 권한다. 연수를 마치고 전공학과를 본격적으로 배울 수 있고 취업에 필요한 영어 시험을 본격적으로 준비하는 데 도움이 될 것이다. 점차 기업이 말하기에 비중을 두는 추세이므로 실용 영어를 중심으로 배워보자. 누구나 영어를 준비해야 하는 것은 아니다. 하지만 나라의 경계가 없어지고 있는 요즘 좀 더 넓은 세계로 나가기 위해서라도 영어는 준비해 두는 게 좋을 것이다.

기업에 따라 채용 시 요구하는 영어시험을 바꾸는 경우가 있다. 입사하고자 하는 기업의 영어시험에 관심을 가지고 준비해야 한다.

취업에 필요한 영어 시험
- TOEIC
- TOEIC SPEAKING
- OPIc

3. 3학년 : Choice

3학년은 선택이 연속되는 단계이다. 취업하고자 하는 회사나 분야를 결정하고 정확한 채용조건을 확인하여 본격적으로 준비해야 한다.

목표 설정

하고 싶은 일이나 입사하고 싶은 회사를 결정하도록 한다. 분명한 목표가 있을 때에 보다 구체적이고 전략적인 준비방법을 세울 수 있는 것이다.

부·복수전공 선택

전공 외에 추가적으로 전공할 복수전공이나 부전공을 공부하도록 한다. 조금은 더 벅차겠지만 희망했던 학과를 선택하지 못했거나 목표로 하고 있는 직업에 필요한 전공을 추가적으로 전공하는 것은 분명히 도움이 될 것이다.

자격증

목표로 하는 곳에 취업하기 위해서 혹은 하고자 하는 일을 위해서 필요한 자격증은 3학년 때까지는 취득하도록 하자.

스터디 그룹 결성

같은 꿈을 가지고 취업을 준비하는 지원자들이 있을 것이다. 필요에 따라서 혼자 준비하는 것보다는 그룹으로 함께 준비하는 것에 동기부여가 되고 시간을 절약할 수 있다. 특히 정보교환을 할 수 있고 서로간의 피드백을 통하여 다듬을 수 있는 장점이 있다.

4. 4학년 : Experience

4학년에는 실전 경험을 해야 하는 본게임 단계이다. 그러기 위해서는 4학년이 되기 전까지 목표로 하는 기업의 지원 자격요건을 갖추고 있어야 한다. 채용 시기에 관심을 두고 항시 대비할 수 있도록 하자.

이력서와 자기소개서

이력서와 자기소개서는 여러 번의 수정을 통하여 완벽하게 준비돼 있어야 한다. 이력서 칸에 보다 도움이 될 수 있는 많은 내용으로 채울 수 있도록 3학년까지 필수 자격증이나 관련 경험을 준비해 두도록 하자.

답변

면접장에서 질의에 답할 내용도 시간이 될 때마다 정리하여 기본적인 사항에 대해서는 충분히 답할 수 있도록 준비해 둔다.

용모와 복장

내일이라도 바로 면접에 갈 수 있는 용모와 복장을 준비해둬야 한다. 드리머의 이미지를 살릴 수 있는 헤어와 메이크업 그리고 복장까지 풀 세팅으로 준비해야 한다. 자기소개서를 쓰는 것처럼 많은 시행착오가 있을 것이다.

취업특강이나 취업캠프에 참여

면접은 준비와 연습의 결과물이다. 학교에서 주최하는 취업특강이나 캠프에 참여하여 전문가로부터 피드백을 받고 보다 발전된 모습으로 면접관 앞에 서기를 바란다. 스터디 모임의 또래보다는 전문가의 눈이 보다 정확하다.

학년별 준비 내용을 확인하니 혹시 숨이 막히는가? 취업 후 일을 하면서 힘이 들 때 취업을 준비하던 대학생활의 시간이 문득 그리울 때가 있을 것이다. 한 번 지나가면 이 시간은 돌아오지 않는다. 지금 처한 이 시간, 행복하고 보람되게 보내자.

만만한 TIP

4년의 대학 생활을 드리머의 꿈과 비전을 이룰 수 있는 디딤돌로 삼을 수 있도록 학년별로 알차게 보내자. 드리머가 추가할 수 있는 항목들을 정리해 보자.

04. 내 전공 쓸모 있을까?

드리머 가운데 현재 자신의 전공에 만족하는 사람은 "Put your hands up?"

왜 두 손 모두 들라고 했을까? 그 만큼 자신의 전공에 만족하는 사람은 많지 않기 때문이다. 많은 대학생들이 전공을 선택한 방법은 성적과 주변의 권유이다. 선택하는 데 있어 나의 적성과 흥미는 별로 중요한 것이 아닌지 오래이다. 주변 환경 요인으로 선택한 전공이 나와 맞지 않는 것도 안타까운 일이지만 내가 선택한 전공이 나와 맞지 않는다는 것을 알게 되었을 때 대학생활에 이 보다 더 큰 비극은 없을 거라 생각한다. 그런데 이 보다도 나를 슬프게 하는 게 있다. 내 전공이 소위 비인기학과나 취업에 전망이 밝지 않은 학과로 분류되는 것이다. 이것은 내 의지와는 상관없이 사회문제와 트렌드에 맞춰 변할 수 있기 때문에 더욱 불안하다.

지니가 대학에 입학할 때만해도 인기 있는 학과들은 법대, 의대, 경영학과는 당연했고 더불어 컴퓨터공학과, 전기전자공학과, 건축학과 등이었다. 그런데 시간이 흐른 지금 세 학과의 판도는 너무나도 달라졌다.

취업 대란이 오면서 대학에서는 하나같이 100%에 가까운 취업률을 내세우며 학생들의 유입을 바란다. 지나가며 '취업률 1위'라는 전광판은 어렵지 않게 볼 수 있다. 과연 취업률 1위의 대학은 전국에 몇 개나 있는 것일까? 아쉬운 점은 대학이 학문연구를 위해 존재하는 곳이기 보다는 취업인을 양성하는 곳 혹은 취업을 위해 거쳐 가는 곳에 불과한 느낌을 준다는 것이다. 2~4년의 기간 동안 정도껏 다니면 수료할 수 있는 취업양성과정 혹은 이력서에 한 줄 더 쓸 수 있는 정도의 자격증을 부여하는 곳이란 느낌이라고 할까? 아무튼 씁쓸하다. 어떤 대학에서는 취업률이 낮다는 이유로 멀쩡한 학과를 없애기도 한다. 운영에 있어 여러 가지 어려움을 모두 알 수는 없으나 그래도 '大學' 본래의 의미는 지켜야 하는 것 아닌가?

지니는 외국어 고등학교에서 프랑스어를 그리고 대학교에서 불어불문학과를 전공했다. 어학을 전공하는 것은 어려서부터의 바람이었고 가장 잘 맞는다고 생각했기에 진학에 있어 갈등이나 문제는 없었다. 하지만 가족을 제외한 주변에서는 불어를 사회 어디에서 쓸 수 있냐고 하며 불분명한 직업분야에 대해서 걱정하는 듯 했다. 지니가 어학을 선택한 이유는 어학을 유난히 좋아한다는 것이었다. 이 좋아하는 것을 가지고 목적이 아닌 어떤 일을 하는 수단으로 사용하고 싶었다. 그 중의 하나가 외교관이나 외국항공사의 승무원 같은 것이었다. 보다 넓은 곳에서 여러 언어로 소통하며 일을 하고 싶었다. - 지금도 이 꿈은 저버리지 않았다. 먼 훗날 그동안 배운 외국어로 그 나라 사람들 앞에서 강의를 하는 게 나의 꿈이다. - 하지만 예상과 달리 외국어를 사용하고 싶었던 외국항공사 승무원의 꿈은 놓아야 했다. 하지만 언젠가는 외국어를 쓸 날이 올 거라는 생각과 그것들이 내 꿈에 방해가 아닌 날개를 달아줄 수 있다는 조금은 막연한 생각을 했다. 그런데 그 막연한 생각은 그리 멀지 않아 현실이 되었다. 처음 강사로 취업한 아카데미는 스튜어디스 아카데미와 함께 운영을 하는 곳이었는데 그 곳에서 영어인터뷰 강사직도 함께 할 수 있게 되었다. 그리고 삼성 에버랜드에 서비스 강사로 면접을 볼 때 외국어가 분명히 가산점이 되었을 것이다. 그 이유는 입사한 사업부에서 삼성그룹을 대표한 콜센터도 함께 관리를 하고 있었는데, 그 콜센터의 고객은 전 세계인이었기 때문이다. 지니는 그 곳에서 외국인 고객응대 요청이 오면 영어와 불어로 안내를 하여 고객의 편의를 도왔다.

　삼성 에버랜드 재직시절 경리석이 갑자기 공석이 되어 두 달 정도 업무를 억지로 해야 한 적이 있었다. 온전한 문과인 지니는 그 자리가 너무나도 두려웠고 버거웠다. 평상시 보아온 금액보다 몇 배의 큰 금액이기에 한 번의 실수가 무섭기도 했다. 더 불행했던 건 지니가 경리업무를 맡게 되면서 인수인계 받았던 전산 프로그램은 없어지고 삼성의 경리업무 전산시스템이 전면 바뀌었다는 것이다. 두 달 할 것이었지만 그래도 배워야했다. 그 당시 컴퓨터 사용이 익숙하지도 않았고 경리업무도 낯설었기에 전산프로그램을 배우러 경리 팀에 가거나 혼자 프로그램과 씨름을 할 때면 울고 싶었던 적이 한두 번이 아니다. 당일 강사관련 업무를 마치고 밤 12시가 넘어서까지 무섭게 경리업무를 위해 키보드를 두드렸던 기억이 난다. 하지만 시간은 흘렀고 그것 또한 추억이 되었다. 그때의 경리 업무가 사업을 하면서 알게 모르게 도움이 되는 것을 알게 되었다.

혹시 지난 런던올림픽 대한민국 대표 선수단의 단복을 입은 모습을 기억하는가? 바로 아래의 사진 모습이다.

▲ – 사진출처, 연합뉴스

대한민국 선수단복은 미국 타임지가 선정한 '런던올림픽 베스트 5 유니폼'에 선정된 것으로 제일모직 신명은 상무가 디자인했다. 신명은 상무는 초 · 중학교 시절 기계체조와 탁구 농구 등의 운동선수 생활 경험으로 그 누구 보다 선수들의 요구조건을 알았다. 그래서 디자인도 우수하지만 선수들에게 편한 단복을 디자인할 수 있었다.

그렇다! 지난 나의 경험은 언젠가 도움이 된다. 그런데 전공은 지나간 경험이라고 하기에는 더 진하지 않은가? 인생에 우연은 없다. 내가 공부한 전공도 언젠가는 쓸 일이 있을 것이다. 그것이 나를 위한 것이 될 수도 있고 다른 사람을 위한 것이 될 수도 있지만 말이다. 인생에 꼭 한 번 빛을 볼 날이 있을 것이다. 사람마다 타이밍이 달라 그 빛을 볼 시간이 다르다고 생각한다면 조금은 마음이 편해지리라 생각한다. 내 전공 언젠가는 쓸모 있다!

만만한 TIP

전공을 단지 취업만을 위한 수단이 아니라 내 인생을 보다 풍요롭게 할 수 있는 것으로 생각하자.

05. 어떤 직업을 가져야 할까?

"When I grow up, I will be a~"

중학교 때 외웠던 수많은 본문 중 지금까지 생각나는 부분이다. 그만큼 인상 깊었던 내용이기 때문에 기억하리라 생각한다.

초등학교 때 수없이 받아본 질문 중의 하나일 것이다. "너 크면 뭐가 되고 싶니?" 드리머는 크면 뭐가 되고 싶었나? 이 책을 읽고 있는 지금, 드리머는 어떤 직업을 가지고 어떤 일을 하고 싶은가? 몇 년 전 수능 점수나 입학 가능한 수준에 맞춰 학교와 학과를 정했던 그 경험 그대로 여전히 학점과 트렌드에 맞는 유망 직업으로 여러분의 직업을 선택하고 있지는 않은가? 혹은 주변사람들에게 인정을 받기 위한 직업을 위해 고단한 하루를 보내고 있지는 않은가? 많은 구직자들이 간과하는 것이 있다. 취업, 면접, 자기소개서와 이력서 작성, 토익점수를 준비하기 전에 내 인생의 목표, 비전, 꿈, 잘하는 것, 좋아하는 것 등 나 자신에 대해 생각해 볼 필요가 있다. 지금! 바로 지금 생각해 봐야 한다. 어린 시절의 장래희망부터 거슬러 올라가지는 않아도 내가 하고 싶은 일, 가지고 싶은 직업에 대해서 생각을 해봐야 한단 말이다. 당장 취업을 위해 준비해야 할 것들, 만(萬)만(滿)한 면접을 위하여 준비해야 할 것들이 쌓였다. 하지만 목적지가 없는데 어떻게 배의 닻을 내릴 수 있겠는가?

1. 좋아하는 일 vs 잘 하는 일

학창시절에 점수가 높은 과목은 대게 그 과목을 좋아하거나 선생님을 좋아하는 경우이다. 좋아하는 것을 하면 능률이 올라 더 잘하게 되고, 그러면서 인정을 받고, 성과가 비교적 높게 나온다. 직업 선택 시, 가장 이상적인 것은 좋아하는 일과 잘하는 일이 같은 것이다.

드리머가 선택의 기로에 서있다고 하자. 잘하는 일과 좋아하는 일 가운데 직업을 선택해야 한다면 어떤 결정을 할 것인가? 지니는 '잘하는 것'을 직업으로 삼으라고 하고 싶다. 방송인 이경규 씨의 경우를 보자. 주변에서 '실패를 하는데도 왜 자꾸 영화를 만들려고 했냐?'라고 하자 이경규 씨는 영화 만드는 것이 정말 좋아서라고 했다. '복면달호'라는 영화는 흥행에 성공했지만, 열정만으로 만든 첫 영화는 크게 실패하여 그 실패를 만회하는 데 많은 것을 희생해야 했다고 했다. 하지만 이경규 씨가 하는 방송은 어떠한가? 방송계에서는 자타공인 국내 최고 MC라고 부를 만하다.

좋아하는 일만 하다가 기본적인 의식주도 해결할 수 없는 어려운 상황에 놓이게 되는 안타까운 경우를 볼 때가 있다. 일을 하는 데 있어 헝그리 정신이 필요한 것도 맞지만 그것도 어느 정도여야 한다. 오해는 하지 말자. 오랜 연단과 고생 끝에 빛을 보는 경우도 물론 있다. 하지만 선배로서 조언을 하자면 '직업'은 잘하는 일로 선택하라고 권하고 싶다. 좋아하는 것은, 잘하는 것을 하면서 취미로 삼을 수 있는 기회가 많다. 연기자나 가수가 카레이서로 활동하는 경우, 의사가 되어 가수로서 음반을 내는 경우, 선생님이 되어 미술전을 여는 경우, 직장인이면서 주말에는 댄스 강사나 사진작가로 활동하는 경우 등 잘하는 것을 직업으로 삼고 좋아하는 것을 취미로 하는 사람을 주변에서 여럿 보았다. 길이 한 가지만 있는 것은 아니다. 먼저 기본적인 의식주 생활은 해결해야 하지 않겠는가? 극심한 배고픔은 내게 어떤 꿈도 꾸지 못하도록 건강과 희망을 빼앗아 갈 수 있기 때문이다. 선택은 여러분의 몫이다.

2. 달란트

많은 학생들이 상담해 온다. '저는 잘 하는 게 하나도 없는 것 같아요.', '특기가 없어요.', '뭘 잘 하는지 어떻게 알 수 있지요?' 많은 이들이 걱정하는 것이다. 나만의 고독한 질문이라고 생각하며 안타까워할 필요는 없다. 누구에게나 '달란트'는 있다고 분명히 말할 수 있다. 여기에서 달란트란 각자의 타고난 재능, 자질, 소질 등을 말한다. 달란트의 뜻 가운데 주목해야 할 것이 바로 '각자'이다. 일부는 어려서부터 달란트를 일찍 발견하는 사람이 있고, 주변에서 먼저 발견하여 알려줘서 아는 경우가 있으며, 눈으로 두드러지지 않아 잘 몰랐으나 살면서 스스로 알아가는 경우도 있을 수 있다. 노래를 잘 부르거나 그림을 잘 그리고 달리기를 잘하는 것과 같이 두드러져서 바로 알 수 있는 것도 있지만 반대로 그렇지 않은 것도 있기에 아직까지 자신이 발견을 못하는 경우가 있을 수 있단 말이다. 향기를 맡는 데 탁월한 사람이 있고, 다른 사람의 말을 경청하며 대화를 이끌어 가는 데 뛰어난 사람이 있으며, 남다르게 상황판단이 빠르고 위기대처능력이 뛰어난 사람이 있다. 이런 달란트를 찾고 싶으면 나를 잘 관찰할 필요가 있다. 그동안의 주변의 칭찬이나 반응도 잘 되새겨 보자. 분명히 있다. 각자의 달란트. 나 자신만의 달란트 말이다.

3. 사회공헌

우리는 대한민국 국민으로서 알게 모르게 혜택을 받으며 자랐다. 인정하지 않는 드리머도 있겠지만 부정할 수 없는 사실이다. 우리 조국 대한민국을 위해서 거창하게 어떤 일을 하자는 것보다는 사회구성원으로서 내가 하는 일을 통해 이바지하자는 것이다. 그렇게 일하려면 내가 하는 일에 사명감을 가지고 있어야 한다. 사명감을 가지려면 떳떳한 직업을 가져야 한다. 어두운 곳을 위해 일하는 직업이 아니어야 한다는 말이다. 내 자녀가 내 직업을 알았을 때 부끄러움이 없는 직업이어야 한다. 성실함과 책임감을 가지고 하는 일이 바로 사회공헌이며 애국의 한 방법이라고 생각한다. 이러한 자세로 일을 할 때, 당당한 납세자로서의 권리도 요구할 수 있을 것이다.

4. 전문직

직업 선택의 막막함을 느끼고 별다른 선택이 없을 때 '공무원'을 택하는 구직자가 많다. 물론, 사명감을 가지고 공무원을 준비하는 구직자도 있다. 지니가 하고 싶은 말은, 공무원도 전문직인 만큼 전문 업무능력을 가지라는 말이다. 의사에 전문의가 있는 것처럼 말이다. 전문직이 매력적인 이유는 채용에 있어 출신학교, 일반적인 스펙이 유연할 수 있기 때문이다. 지니가 지방대학교 출신에, 기혼녀임에도 불구하고 삼성에버랜드에 입사할 수 있었던 것은 바로 '서비스 강사'라는 전문직이었기 때문이다. 출신 학교 때문에 취업하는 데 제약이 있다고 생각하는가? 일반적으로 통용되는 채용기준이 내게는 불리하게 적용되는가? 그렇다면 전문직을 노려봐라. 급격히 변하고 트렌드에 민감한 요즘 우리가 알지 못하는 신생 전문직이 늘어나고 있고 전문가를 필요로 하고 있다. 일반적인, 남들 다 하는 그런 흔한 취업 말고 좀 더 다른 시각으로 취업을 준비해 보자. 'The best one'이 되기보다는 'The only one'이 되는 건 어떨까?

만만한 TIP

드리머의 놀이, 취미, 특기 가운데 직업으로 삼을 수는 있는 게 있는지 살펴보길 바란다. 하루 중 많은 시간을 보내야 할 일터가 보다 즐거운 전쟁터가 될 것이다.

06. 어떤 회사에 들어갈까?

1. 일하고 싶은 회사

취업을 준비하는 구직자라면 스펙이나 조건을 떠나 누구나 가고 싶은 회사가 있을 것이다. 호텔경영학과에 재학 중인 학생은 호감 있는 호텔이 있을 것이며, 신문방송학과에 재학 중인 학생은 마음에 담고 있는 언론사가 있을 것이다.

지니는 충북대학교 불어불문학과 4학년 1학기 재학 중에, 대전에 있는 모 서비스 아카데미 강사로 입사를 했다. 그 당시에는 청주에서 대전으로 취업을 했다는 것만으로도 잘된 분위기였다. 그런데 크게만 느껴졌던 대전은 시간이 흐를수록 작게 보였으며 강의를 하면 할수록 좀 더 넓은 곳에서 강의를 하며 경험을 쌓고 싶다는 생각이 들었다. 그런 결심을 하게 된 계기 중의 하나는 재직했던 서비스 아카데미의 체계적이지 않은 처우도 한 몫을 했다. 그러던 중 서비스 메카인 삼성 에버랜드가 마음속에 들어왔고 그 곳에 입사하기 위해 길을 찾기 시작했다. 머지않아 삼성 에버랜드 서비스강사 채용공고가 났다. 그토록 바라는 회사였기 때문에 작은 것부터 신경을 쓰며 최선을 다해 준비를 하기로 마음먹었다. 먼저 청주 시내에 있는 유명 스튜디오에서 강사지원용이라고 말한 후 이력서에 넣을 사진을 찍었다. 그리고는 떨리는 마음으로 자기소개서와 이력서를 썼다. 이력서라고 해야 쓸게 많지 않았다. 그럴 것이 강의 경력 9개월 정도 밖에 되지 않는 초보강사였기 때문이다. 하지만 고쳐 쓰기를 수 십 번 했다. 면접 당일에는 정성스럽게 정장을 입고, 미리 예약해둔 미용실에서 아침 일찍 드라이를 하고 서울로 올라갔다. 지금이야 면접 화장과 머리를 숍에 들러서 하는 게 문화처럼 되었지만 지니가 있었던 그 당시 청주에서는 드문 일이었다. 눈길을 걸어 미용실을 갔던 추웠던 그 길을 지금도 기억한다. 그렇게 지니는 면접을 준비했다.

  지금의 지원자들의 모습과 별반 차이가 없는가? 차이점은 '간절함'일 것이다. 수십 개 혹은 여러 개의 지원서를 여기저기에 넣고 '이 중 뭐 하나만 걸려라' 하는 그런 마음과는 다른 간절함이다. 그 당시에는 강사를 채용하는 곳도 드물었고 지방에서 강사로 취직을 하는 것은 더욱 힘들었다. 좋아하고 잘하고 싶은 것을 원하고 바라던 회사에서 할 수 있다는 그 바람은 상상보다 더 큰 치밀함과 열정으로 준비하게 한다. 여기가 아니면 안 되겠다는 절실함으로 준비하고 면접에도 임해야 한다. 이러한 간절함과 열정은 면접장에서 면접관에게 보일 수밖에 없다.

  다행히도 지니가 준비한 이 모든 것들이 통하여 당당히 삼성 에버랜드 사원증을 목에 걸었다. 아침마다 서울역 버스정류장에 내려 근처 사무실로 걸어가며 출근하는 내 모습을 때론 믿을 수가 없었다. 구름 위를 걷는다고 하기에는 과장일 수 있지만 꿈처럼 느껴질 때는 있었다. 청주 한 동네에서 유치원부터 대학교까지 졸업한 지방 학생이 명동, 남대문, 시청이 모두 한눈에 보이는 서울의 심장부에서 일을 한다는 것이 믿겨지지 않았다. 입사 몇 년 전만 해도 지하철 환승을 잘못해 서울에 올라갈 때면 서울에서 학교를 다니는 친구들이 지금의 강남터미널로 데리러 오곤 했던 지니가 서울 중심부를 누비고 다니니 말이다. 그토록 꿈꾸고 원했던 그림이 현실에서 보여질 때 그 황홀함은 뭐라 설명할 수 없다. 매일같이 매연을 마시며 출근을 해도 그 순간이 신기하고 행복했다. 나를 채용한 삼성 에버랜드가 고맙고 고마웠다. 그 감사함으로 매우 성실히 일했다. 근무했던 동안 퇴근 후 서울에 있는 친구들을 만나거나 서울 구경을 해 본 적이 별로 없다. 근무했던 건물 맞은편에 있던 프랑스 문화원에도 한 번 가보지 못했으니 말이다. 오로지 일 생각이었다. 소화불량은 끊이지 않았고, 소화제를 자주 복용했으며, 주말에도 출근했고, 집에도 일을 가지고 퇴근을 했다. 개인 시간은 없었다. 가장 큰 어려움은 첫째 아이를 만나지 못하고 뱃속에서 하늘나라로 보냈던 슬픔이었다. 삼성 에버랜드에 몸담았던 시간을 되돌아보면 개인적으로는 일만 한 내 모습이 많이 아쉽다. 서울에 있으면서 보고 듣고 할 기회가 많았음에도 불구하고 놓친 것, 그리고 여가나 건강을 잘 챙기지 못한 시간이 조금은 지혜롭지 않게 보인다. 하지만 또 다시 그 시간으로 되돌아간다 해도 일은 여전히 열심히 할 것 같다. 그 당시 속해 있던 팀의 팀장님께서는 지니를 일 욕심 많았던 신혜련 주임으로 아직도 기억하신다. 아이러니한 것은 더 이상 내 안에서 나올 게 없어서 퇴사를 했는데, 그 기간에 업무한 것들이 지니의 자산이 되고 기본 역량이 되어 지금까지 강의를 할 수 있는 원동력이 되었다는 것이다. 그렇게 개미같이 일을 했기에 그 기간에 대한 보상이 있고 죽도록 일하니 앞으로 굶어 죽지 않을 보배가 내 안에 생겼단 말이다. 그토록 가고 싶었던 회사였기에 지니는 최선을 다했고 그 보답으로 지니가 자립할 수 있는 힘과 후광을 삼성 에버랜드는 주었다.

그렇다고 입사하고 싶었던 회사라고 하여 좋은 것만 있다고는 할 수 없다. 기대가 크면 실망이 클 수 있다. 드리머가 학창시절에 대학에서 공부하기를 기대했던 전공에 실망한 것처럼 기대에 못 미칠 수도 있다. 꿈에 그리던 회사가 때로는 내게 실망감을 주고 아쉬움을 줄 수도 있을 것이다. 회사는 유토피아가 아니다.

꿈꾸고 원했던 그림이 현실에서 보여 질 때, 그때의 기분을 황홀함이라고 했다. 그 표현도 어쩌면 작을 수 있다. 그 기분과 느낌을 직접 경험해 보지 않는 이상 잘 모를 것이다. 그러니 직접 경험해 보길 바란다. 지니의 경험담을 나눈 것은 면접을 준비하는 자세 그리고 그 노력이 '취업'이라는 보상으로 올 때의 그 감격을 드리머도 경험하고자 하는 바람이 있기 때문이다.

일하고 싶은 회사에 입사하면 좀 더 마음을 다해 일하게 될 것이며, 그에 따른 보상에 더 감사하게 된다. 하루 중 1/3 이상을 지내는 곳인 회사, 보다 애정을 가지고 내 젊음을 다해 일할 곳을 찾아보자. 입사하고 싶은 곳이 있는가? 더욱 마음을 다해 준비하고 또 준비해 보자. 그 회사에 입사하기 위해.

2. 향후 발전 가능성이 있는 회사

우리가 살고 있는 이 시대는 '100세 시대'이다. 수명이 길어진 것은 예전보다 오랜 기간 일을 해야 한다는 것을 의미한다. 요즘은 첫 번째 직장에서 은퇴하는 경우는 많지 않은 것 같다. 하지만 첫 번째 회사에서의 경력이 이직을 하는데 꼬리표처럼 붙기에 첫 직장 선택에 심혈을 기울이지 않을 수 없다. 또한 회사 선택에 있어서 우리의 수명과도 같은 기업의 수명도 생각을 안 할 수 없다. 선진국의 대기업 수명은 30년이고, 우리나라의 대기업 수명은 20년이라고 한다. 삼성의 이건희 회장은 10년 위기론을 역설한다. 현재 삼성을 대표하는 사업과 제품은 10년 안에 없어지고, 그 자리에 새로운 사업과 제품이 자리잡아야 한다고 말한다. 이러한 기업의 반응은 다른 기업에까지 영향을 줄 수 있다. 단순히 '구직자'에서 '취업자'로 바꾸는 것에 목표를 둘 게 아니라, 조금은 멀리보고 지금 보다 향후에 발전 가능성 있는 사업을 하는 회사를 알아보자.

3. 경력에 도움이 되는 회사

뚜렷한 목적 없이 오로지 '취업'만을 목적으로 '하나만 걸려라'라는 심정으로 입사지원서를 뿌리듯 접수하는 구직자가 있다. 운명에 맡기는 것인가? 운명은 나도 함께 만들어 가는 것이다. 우리의 미래를 만들어 가는 데 있어 조금은 더 능동적인 모습을 취했으면 한다. 취업난에 보이는 이런 주먹구구식 지원은 안타까운 모습이 아닐 수 없다. 그런데 이 취업난은 90년

대에도 있었고, 지니가 드리머와 같은 나이에도 있었고, 또 지금도 있다. 물론 매체는 현재가 최악이라고 한다. 주먹구구식의 취업이 아닌, 드리머 미래의 한 부분을 채울 수 있고, 뒷받침되는 그런 곳에 취업을 했으면 한다. 드리머 가운데 대기업에 입사하고 싶으나 객관적으로 볼 때 대기업에 취업하기 어려운가? 혹은 목표를 세운 회사가 첫 직장으로 입사하기가 어렵다는 판단이 들었는가? 방법이 없는 것은 아니다. 미리 포기하지 말고 조금은 멀리 보고 준비했으면 좋겠다. 중소기업이나 규모가 조금 작은 곳에서 경력을 쌓아 경력직으로 대기업이나 원하는 곳에 입사하는 방법도 있다. 직구만 있는 것이 아니다. 돌아간다고 생각하지 마라. 조금 더 파워풀한 업무경력으로 무장해 경력사원으로 입사한다고 생각하자.

4. 이왕이면 큰물에서 놀아라

앞에서는 발전 가능성이 있거나 작은 회사도 생각해 보라고 해 놓고 이건 무슨 소리냐고 하는 드리머가 있을 것이다. 제목 그대로다. 가능하다면 큰 곳에서 시작하라는 것이다. 이왕 취업 준비로 고생할 거 토익 점수도, 학점도 올리고, 취업과 관련된 것들을 꼼꼼히 준비해서 큰물에서 놀아볼 기회를 잡으라는 것이다. 큰 곳에서 일하다 보면 일뿐만 아니라 보고 듣고 배우는 것이 의외로 많다. 그 모든 것들이 정보이고 자산이 된다.

지니가 삼성안내센터(삼성그룹 대표 콜센터)에서 근무할 때 고객의 문의에 안내하기 위해 삼성그룹 전 계열사에 관련된 정보를 배우고 익혔다. 그 당시 상담업무를 하면서 업무 외적인 정보를 많이 취득하였다. 또한 삼성에버랜드에 근무하면서 큰 관공서와 대기업의 교육과 모니터링을 진행할 기회가 많았다. 큰 업체와 일을 하면서 업무 외의 많은 것들을 알 수 있는 기회가 주어졌다. 이 모든 것들은 경영과 경제의 기본적인 지식을 쌓는 데에 큰 도움이 되었고 퇴사 후 비슷한 기업체 강의나 컨설팅을 진행할 때 좋은 밑거름이 되었다.

5. 외국회사로 눈을 돌려라

세상은 넓고 취업할 곳은 많다! 굳이 좁디좁은 우리나라만 고집할 필요가 없다. '생각의 틀 전환하기'에서 언급한 것처럼 내 생각을 조금만 바꾸면 더욱 많은 것들이 눈에 들어올 수 있다. 취업 또한 그렇다. 외국에서 일한다는 것은 어쩌면 보다 고단하고 어려울 수 있다. 하지만 내 인생의 멋진 터닝 포인트가 될 수 있다. 이러한 경력이 훗날 내 인생에 많은 기회를 줄 수도 있을 것이다. 다른 사람들이 하지 않는 경험은 때론 나의 강점이 될 수 있음을 기억하자.

이제는 인터넷을 통해 세상의 정보를 쉽게 얻을 수 있다. 관심이 있는 외국기업이 있다면 주저하지 말고 외국회사의 취업문을 두드려보자. 외국회사는 일반적인 직업보다는 전문직의 취업이 훨씬 유리하다. 요즘 외국으로 취업이 잘되는 유망직종으로는 항공사나 여행 및 호텔업계의 서비스직, 건설 관련직, 자동차 및 항공 엔지니어, 의료직, 금융전문가, 브랜드 매니저, 물류관리사, IT전문가 등이 있다. 외국회사의 채용공고는 비정기적이기 때문에 희망하는 회사나 지역이 있으면 관심을 가지고 재빠르게 입수해야 한다.

외국회사에 입사하고자 할 때 그 지원 자격요건 가운데 가장 중요한 것은 외국어 구사능력이다. 지원하고자 하는 외국회사에서 요구하는 해당 외국어를 별 어려움 없이 구사할 수 있으면 입사하는 데에도 도움이 되지만 입사 후에도 업무를 수행하는 데 많은 도움이 될 것이다. 기본적으로 외국어 구술면접 평가나 공인 외국어 스피킹 성적을 준비해야 한다.

기회가 닿는 대로 외국 친구들을 사귀거나 해외여행을 통해 다른 문화권를 접하여 글로벌 마인드와 국제적인 감각을 기르는 것도 취업을 하는 데 중요한 포인트가 될 것이다. 우리나라 기업과는 다를 수 있는 업무체계와 문화에 대한 이해의 폭을 미리부터 키워놓으면 좋을 것이다.

07. 이제부터 해야 할 것은?

지금까지 드리머가 하고 싶은 일과 입사하고 싶은 회사에 대해서 생각해 보았다. 드리머가 이 부분을 읽고 있을 때에는 일하고 싶은 회사나 하고 싶은 직업에 대한 그림이 조금이라도 그려졌기를 바란다. 생각해 보지 않았던 문제로 혼란스러운가? 혹은 한 번에 많은 것들을 생각하고 정리해야 하기에 부담스러운가? 부담스럽기 보다는 벅차거나 설렘이 가득한 시간이 되기를 바란다. 사실 미래에 대한 생각은 일차적으로 중학교나 고등학교 때 이루어져 있어야 했다. 비록 현실적이지는 않아도 내 인생에 있어 사회인으로서 성장하고 선택하는 시간에 대한 생각 말이다. 하지만 안타깝게도 많은 학생들이 자신의 꿈을 생각하기도 전에 성적과 자신이 처한 현실에 타협하는 경우가 많았다. 그러한 생각을 안 해봤다고 해서 큰 일이 났다고 불안해할 필요는 없다. 지금부터라도 생각하고, 보다 계획적인 삶을 살면 된다. 이제부터는 취업 면접을 위한 본게임에 대한 준비를 해야 한다. 숨을 크게 쉬고 실전 면접을 위한 기술을 연마해 보자.

Are you ready?

취업난, 외국인기업 취업으로 극복…
한남대 프랑스어문학과 눈길

"한국에서는 생소하지만 프랑스어권인 북아프리카 지역에서 새로운 경험과 지식을 쌓으면서 외국회사 취업에 자신감을 얻을 수 있었습니다. 많은 후배들이 해외취업의 문을 힘차게 두드렸으면 좋겠습니다."

한남대 프랑스어문학과를 졸업한 정향숙씨는 최근 홍콩에 본사를 둔 세계 최대의 의류 및 소비재 공급업체인 리앤펑(Li&Fung)에 입사해 주변의 부러움을 한 몸에 받고 있다.

정 씨는 자신의 취업 성공 요소로 한남대 재학 시절 아프리카 모로코 대학에서 교류유학생으로 공부했던 경험을 손꼽았다. 낯선 북아프리카에서 타문화를 존중할 수 있는 진정한 세계인의 자세를 배웠고, 그들과 소통하는 자신감을 얻었기에 해외취업의 가능성을 열 수 있었다.

올해 졸업과 함께 리앤펑 입사시험에 합격한 정 씨는 현재 리앤펑 서울지사에서 국제수출상품구매를 담당하는 무역전문가인 MR(Market Representative)일을 배우고 있으며, 지구촌을 누비며 세계적인 상품기획자가 되는 것이 꿈이다.

정 씨 뿐만 아니라 한남대 프랑스어문학과 졸업생들은 전 세계 50개 지역, 1억 7000여만 명이 사용하는 프랑스어의 입지를 발판으로 해외취업을 성공적으로 공략하고 있다. 이 학과 95학번인 유준선(39) 씨는 가봉·콩고 주재 한국 대사관을 거쳐 현재는 콜롬비아 주재 한국대사관에서 근무 하고 있으며, 04학번인 김동한(27) 씨는 국내 유수기업의 알제리 지사에 취업했다.

또 98학번인 윤현(33) 씨는 프랑스 파리 3대학에서 박사학위 취득 후 캐나다 퀘벡 몬트리올 연구소에서 근무했으며, 현재는 프랑스 클레르몽페랑 대학에서 교수로 활동하고 있는 등 많은 졸업생들이 프랑코포니(프랑스어를 쓰는 지역을 총칭하는 말)로 진출해 해외 취업의 본보기를 보여주고 있다.

북아프리카 진출의 시작은 동문 출신으로 이 학과 겸임교수인 임기대(48, 82학번)박사가 시발점이었다. 알제리 대학에서 한국어를 강의하고 돌아온 임 교수는 귀국 후 후배이자 제자인 이 학과 학생들에게 북아프리카 지역에 대한 관심을 고취시켰다. 이후 많은 학생들이 교환학생으로 북아프리카로 진출하기 시작했다.

이규식 프랑스어문학과 취업전담교수는 "열정과 새로운 세계를 향한 도전 정신만 있으면 전 세계 프랑스어권에 일자리는 많다"며 "우리 교수들은 제 자들이 프랑스어 실력과 문화에 대한 창의적 감각으로 세계로 진출할 수 있 도록 적극 지원하고 있다"고 말했다.

– 기사출처. 헤럴드경제 대전

Chapter
03

서류전형 준비하기

01. 어학연수는 필요할까?

　취업을 준비하는 구직자들의 가장 큰 고민 가운데 하나가 바로 영어이다. 취업뿐만 아니라 입사 후에도 자신의 발목을 잡는 큰 걸림돌이 영어라고 말하는 직장인들도 많다. 그런데 영어가 이렇게 배신을 해도 된단 말인가? 취업을 위해 많은 구직자들이 공들여 준비하는 것 중에 하나가 바로 영어이기 때문이다. 알다시피 토익점수가 높다고 하여 영어를 잘한다고는 할 수 없다. 점수 영어와 말하기 영어는 분리된 지 오래이다. 그런데 이 영어를 모두 잘 할 필요가 있을까? 사회 일각에서는 영어가 필요하지 않은 직업에 지원하는 지원자들에게는 영어 시험을 적용하지 않겠다고 하는 소리가 들리지만 아직 말뿐이다. 요즘은 고득점의 토익점수도 모자라서 많은 구직자들이 어학연수를 다녀온다. 그나마 학교에서 지원해 주는 어학연수는 다녀 올 만하지만, 전적으로 자비로 어학연수를 가는 경우라면 생각해 볼 문제이다.

지니는 밀레니엄으로 조금은 불안했던 2000년도에 미국으로 어학연수를 다녀왔다. 그 당시 충북대학교에서는 외국으로 어학연수를 다녀오는 재학생이 매우 드물던 시절이었다. 학교에서 지원받아 어학연수를 갈 수 있는 기회도 드물었고 영어영문학과에서도 영어권으로 어학연수를 다녀오는 게 손에 꼽을 정도였다.

　어학연수는 지니에게 있어 매우 의미가 깊은 일이었다. 중학교 시절 지니는 미국으로 유학을 가고 싶었다. 그 당시에는 유학비자가 나오기 어려운 시절이기도 했지만, 지니의 집안 형편으로 미국에 유학을 간다는 것이 무리라는 것을 알았기에 학창시절 몇 번의 눈물을 흘리며 가슴에 묻어야 했다. 하지만 그 모든 꿈을 내려놓을 수는 없었다. 기회가 언제 올지 모른다는 생각에 다른 친구들은 수학능력 시험을 공부할 때 지니는 막연하게 TOEFL 공부를 했고 유학원을 찾아가곤 했다. 지니도 나름대로 방황을 하고 힘이 들었지만, 부모가 된 지금 생각해 보면 지니의 부모님 심정은 어땠을까 하는 생각에 가슴이 아프다. 자식이 하고 싶어 하는 것을 경제적인 이유로 뒷받침해 주지 못했을 때 부모의 심정은 말로 다 표현할 수가 없을 것 같다. 그런 내게 어머니는 대학 때 형편이 나아지면 어학연수는 생각해 보자고 하셨다. 그 뒤로 시간이 흘러 지니가 그토록 그림 그렸던 미국 땅을 밟는 것이 현실이 되었다. 미국에서 공부를 하고 싶다고 처음으로 마음먹은 뒤 꼭 8년 만의 일이었다. 기다림 끝에 온 꿈이어서인지 어학연수의 처음과 끝의 모든 것들이 생생하다. 샌프란시스코로 가던 12시간의 비행시간 동안 한 시간도 자지 않았던 것, 공항 밖의 눈부신 햇살에 눈을 찡그렸던 것, 동기들과 셔틀버스를 설렘으로 기다렸던 것 등 그 모든 것들이 어제 일처럼 생생하다. 그 누구보다도 어학연수에 대한 기대감과 꿈이 컸다. 미국에 다녀오기만 하면 영어는 내게 있어 완전 FREE한 것이 되리라 자신했다. 그리고 그래야만 했다. 하지만… 아래의 것들이 내 발목을 잡았다.

1. 어디로 가는 게 좋을까?

지니는 한국 사람이 없는 지역으로 가는 게 1차적인 목표였다. 믿을 수 있는 어학연수기관을 통해 미국 전역에 위치한 해당 과정 학교 중 한국 사람이 그나마 없다는 지역으로 신청하여 갔다. 그런데 무슨 일인가? 오리엔테이션 시간에 나라별 소개를 하는데 한국인 학생이 가장 많았다. 2000년 당시에 그랬다. 지금은 어떻겠는가? 더 많은 지역에, 더 많은 한국 학생들이 분포되어 있을 것이다. 한국 사람들은 모이면 얼마 가지 않아 자연스럽게 한국말을 사용하게 된다. 한국 그룹 속에서 영어를 사용하는 게 오히려 눈치 보이는 일이 될 수도 있다. 미국에서, 미국 대학 캠퍼스에서 또 하나의 한국 사회와 한국 대학의 캠퍼스를 만든다. 외국에서의 한국인의 결속력이란 여러 나라 가운데 최고인 듯하다.

▲ 미국에 도착한 다음 날 샌프란시스코 투어에서 찍은 사진

1-1. 그럼 어디로 가는 게 좋을까?

가능한 동남아시아가 아닌 영어권의 나라로 갈 것을 권한다. 이왕이면 제대로 된 발음과 영어권의 문화도 접하는 게 좋다고 생각한다. 학비가 가장 문제일 것이니 가능하다면 말이다. 어딜 가나 이제는 한국 사람이 없는 곳이 없다. 인지도 있는 지역이나 학교 소속 Language school은 역시나 한국 학생들이 많을 것이다. 한국 사람이 없는 영어코스를 찾기 위해 드물게는 현지에서 발품을 팔아 직접 Language school을 찾는 경우도 있고, 한국에서 신청해서 진행하고 있는 Course를 취소하고 다른 Langage school course로 바꾸는 경우도 있다. 지니와 함께 수업 받았던 친구들 중 일부는 수강료나 프로그램의 이유로 인해 현지에 있는 College나 학원의 Language course로 옮기는 경우도 있었다.

지니가 어학연수를 알아봤던 그 시대는 표면적으로 보이는 연수기관들이 몇 되지 않았기 때문에 우리나라에서 갈 수 있는 선택의 폭이 넓지 않았으나 요즘은 다양하게 많은 정보를 확인할 수 있으니 스스로도 좋은 정보를 잘 찾을 수 있으리라 본다. 혹시 현지에 지인이 있다면 도움을 받아 보다 자세한 정보를 얻어 준비하는 게 좋다. 때로는 인터넷상에서 보이는 것과 현지의 모습이 다른 경우가 있기 때문이다. 가능한 한국 사람이 드문 쪽으로 선택하는 것도 좋다. 한국 사람을 피해 잘 모르는 시골로 들어가는 경우도 있는데 한국 사람이 너무 없으면 향수병이나 외로움에 힘들어하는 사람들도 있으니 적당한 선에서 결정하는 게 좋을 것이다. 하지만 어차피 이 나라를 떠나는 것이니 독한 마음으로 향수병은 조금 참는 편이 나을 수도 있다.

1-2 홈스테이 VS 기숙사

연수기관에 따라 다르지만, 보통 대학에서 진행하는 어학연수 프로그램은 학교 기숙사에서 지내는 경우가 많다. 지니의 경우에는 홈스테이와 기숙사 가운데 선택할 수 있는 프로그램이었는데, 비용은 홈스테이가 더 저렴했던 것으로 기억한다. 지니는 학교 기숙사로 신청을 했고 과정을 마칠 때 까지 기숙사 생활을 했다. 이유는 몇 가지가 있었다.

첫 번째 이유는 안전한 곳에서 지내고 싶었다. 홈스테이의 경우에는 도보로 이동하여 학교로 오기는 쉽지 않고 보통 자전거나 버스를 이용해 이동해야 하는데 안전이 가장 걱정되었다. 번거로움 또한 생각해 볼 문제였다. 1교시의 경우에는 이른 시간에 시작했는데 쉽지 않을 거란 생각을 했다.

두 번째는 기숙사에서 다양한 나라의 친구들과 보다 친밀하게 지내고 싶었다. 기숙사 생활을 통해 많은 친구들과 소통할 수 있었다. 오고가며 스치는 시간이 많아 좀 더 돈독하게 지낼 수 있었던 것 같다. 하루의 모든 식사는 레스토랑에서 할 수 있는데, 식사를 하면서 다른 나라 친구들과 교제하는 시간은 즐거웠다. 기숙사 생활을 하며 얻은 또 다른 기회도 있었다. 스위스에서 온 친구에게는 불어를 배울 수 있었고 일본에서 한국어를 전공하는 친구에게는 한국어를 가르칠 시간도 있었다. 지니와 가장 오랜 시간을 보낸 룸메이트는 일본인이다. 영어는 잘 못했던 친구였지만, 재미있고 정 많던 친구였다. 지니가 한국에 온 뒤로 한국에 한 번 다녀갔고 지금까지 연락을 주고받으며 지낸다.

세 번째는 어떻게 될지 모르는 홈스테이 식구들이었다. 홈스테이 식구들과 함께 잘 지내면 그보다 더 좋은 경험과 시간은 없을 것이다. 보다 현지 영어를 잘 배울 수 있는 기회도 될 수 있다. 하지만 그렇지 않은 경우에는 이보다 더 큰 Stress zone은 없을 거란 생각을 했다. 실제로 홈스테이 하는 친구들 중 친구들이 홈스테이 식구들과의 갈등으로 어려워하는 것을 많이 보았다.

2. 어학연수 과연 얼마만큼의 효과가 있을까?

내 영어 회화의 수준을 알면 어학연수의 효과 정도를 대략 짐작할 수 있다. 가장 효과를 많이 보는 레벨은 최하와 최상이다.

예를 들어 "I am a girl."이나 "My name is John." 정도의 최하 수준이나 영어로 의사표현을 하는데 크게 불편함이 없는 정도의 최상의 레벨을 말한다. 최하의 레벨은 – 어학연수 기간에 따라 정도의 차이는 있지만 – 최소 6개월 이상의 연수기간을 제대로 마친 뒤에는 최소 2~3문장 이상의 Small talk나 일상대화를 할 수 있는 수준은 된다. 최상의 레벨 경우에는 전체적으로 원어민과 비슷한 회화를 하는데 크게 불편함이 없을 것이다. 가장 효과를 볼 수 없는 레벨이 중간이나 중상의 레벨이다.

지니의 경우가 딱 그랬다. 어학연수만 다녀오면 뭔가 많이 달라질 것 같아 부푼 꿈을 가지고 갔지만 막상 그렇지 않은 결과에 적잖이 실망했었다. 투자대비 절반 이하의 실력향상으로 돌아오는 비행기에서 부모님께 많이 죄송했다. 연수 기간을 성실히 보내지 않아 그렇다고 생각하는가? 천만의 말씀이다. 학비가 아까워서 결석은 한 번도 안 했고, 기숙사 식비가 아까워서 아침식사 한 번을 거르지 않았다. 한국의 몇몇 사람들은 그렇게 철저한 지니를 두고 '어학연수 Helen처럼 하면 성공한다!'라는 책을 쓰라고 했을 정도였다. 그럼, 어학연수가 지니에게 어떤 효과가 있었는가? 이 부분은 어학연수를 다녀온 친구들이라면 공감할 부분이다.

독해능력

미국에 있는 동안 대부분 영어로만 된 책을 읽었기에 독해능력은 비교적 많이 향상되었다. 문장이 긴 것도 자연스럽게 단락별로 나눠지면서 한 눈에 들어왔다. 대충 읽는 것 같지만 예전보다 짧은 시간에 독해를 할 수 있게 되었다.

생기를 더한 영어

미국 드라마에서 보는 듯한 제스처와 억양처리로 더욱 자연스러운 영어 구사를 하게 됐다. 처음에는 그들의 제스처를 하는 게 부끄러워 수줍은 듯 소심하게 했지만 시간이 흐르자 발표할 때면 자연스럽게 움직이고 있는 지니를 발견할 수 있었다.

거창하게 말해 이 시대에 필요한 글로벌 마인드와 문화 적응력이다. 다양한 인종과 문화 속에서 이해력과 적응력은 그들과의 체험을 통해서만 진짜로 내 안에 만들어지는 것이다.

지금도 많은 친구들의 얼굴과 이름이 떠오른다. 그때를 생각할 때면 재미있었던 장면과 함께 언제나 미소가 지어진다. 세계 각국 친구들과의 문화 교류는 인생을 사는 데 있어 큰 밑거름이 됐다. 예전에는 그 친구들과 이메일을 주고받았지만 이제는 좋은 세상을 만나 SNS를 통해 생생하게 주고받고 있다.

▲ 기숙사에서 친구들과 함께 한 시간 중에

2-1 그럼, 어학연수는 어떻게 해야 효과가 있을까?

어학연수를 가기 전 다방면으로 사전 준비를 철저히 하는 것이 좋다. 영어만을 보자면 어휘력이나 기본적인 문법을 정리한 후 가는 게 좋다. 출국

전에는 기본을 만들어 놓고 현장에서는 밀착형 영어를 할 수 있도록 하는 게 좋다. 영어로 말할 수 있는 환경을 찾아다니거나 현지 친구들과의 만남을 통해 자주 부딪히면서 익혀야 한다. 참 아이러니하게도 어학연수를 갔다고 해도 영어를 할 수 있는 기회가 널려 있는 것은 아니기 때문이다. 나를 둘러싼 주변에는 고만고만하게 영어를 구사하는 외국 친구들, 그리고 어딜 가나 있는 - 서로 영어를 사용하는 것은 부담스러워하는 - 한국 사람들, 나를 이방인으로 보는 현지 학생들이 대부분이다. 하루 종일 영어 수업이 있을 거라고 생각하지는 않을 것이다. 하루에 몇 시간 정도의 수업 시간표 속에서 희망을 찾기란 쉽지 않다. 더군다나 영어를 거의 말할 줄 모르는 룸메이트를 만났을 때에는 더욱 절망적이다. 지니의 룸메이트는 연수 기간 내내 최하의 레벨을 꾸준히 유지하는 친구였다. 영어로 대화가 어려워 룸메이트는 내게 일본어로 말하는 경우도 많았다.

돈을 쓰지 않으면 영어를 말할 수 있는 상황은 더 없다. 캠퍼스 밖으로 나가 외부 활동을 하려고 하면 돈이 필요하기 때문이다. 지니의 경우에는 캠퍼스 밖의 생활을 위해 20분 정도 거리의 샌프란시스코나 근처의 UC Berkeley만 가려고 해도 우리나라의 몇 배인 교통비(버스비)가 부담스러웠기 때문이다. 아르바이트의 기회는 찾아볼 수 없었다. 인턴을 하려고 해도 기간에 따라 몇 십 만원의 돈을 내고 해야 할 환경이었다.

3. 어학연수는 약일까? 독일까?

보통 어학연수는 반 년에서 일 년 정도의 기간을 두고 다녀온다. 사실 그 기간에 다른 나라의 언어를 구워삶기에는 부족한 기간이다. 하지만 어학연수를 다녀왔다면 어학실력에 대해 어느 정도의 책임을 질 수 있어야 한다. 주변의 시선 또한 다르기 때문이다. 부담이 배가될 수 있다. 어학연수 기간에 비례해 책임질 수 있는 어학실력을 갖추었다면 약이 되겠지만, 그렇지 않은 경우에는 분명 독이 될 것이다. 면접장에서 영어로 자기소개를 할 경우에도 어학연수를 다녀오지 않은 지원자와는 분명히 다른 실력의 느낌을 줘야 한다. 어학연수를 다녀왔다면 보다 철저히 영어에 관련해 준비해야 한다.

4. 어학연수를 갈 수 없을 때에는?

가장 좋은 방법으로 영어권 출신 선생님과의 1:1 수업을 권하고 싶다. 헐리우드 진출을 준비하는 연예인만큼은 아니어도 가능한 많은 수업을 듣기를 추천한다. 취업준비생들이 일반적으로 수강하는 토익 수강료에 비하면 몇 배 비싼 수강료이겠지만, 어학연수기간에 따른 비용에 비하면 몇 배로 저렴한 비용이 될 것이다. 하지만 그것 또한 부담되는 비용이라면 차선책은 외국인을 친구로 만드는 것이다. 외국어를 배울 때에는 그 나라 언어가 노출된 생활 속에서 얼마나 자주 말하느냐에 따라 성과가 달라진다. 교환학생이든, 교포 등 영어로 말할 수 있는 사람과 친하게 지내는 방법이다. 이 부분은 삶에 대한 드리머의 열정과 적극성이 필요한 부분이다. 여담으로 지니가 미국에 있는 동안 한 한국인 오빠는 일본 여자 친구와 교제를 했는데, 일본어는 완벽하게 구사할 정도로 배워서 한국에 왔다.

만만한 TIP

어학연수는 필요성을 객관적으로 생각하고, 비용을 감안하여 결정하되, 그 사전준비는 보다 철저해야 한다.

02. 어떤 아르바이트가 취업에 유리할까?

대다수의 학생들이 학비마련과 생활비 마련을 위해 아르바이트를 하고 있다. 공부에 대한 걱정보다는 사회에 나가기도 전에 그 공부를 유지하기 위한 '돈' 때문에 걱정이라는 것이다. 참으로 안타까운 현실이다. 그 어마어마한 학비도 모자라서 매월 생활비조차 벌어야 한다는 기사에 가슴을 친다. 하지만!! 상황이 어렵다고 현 상황만 원망하고 나라를 탓하기만 할 것인가? 그러기에는 시간이 기다려 주지 않는다. 앞부분에서 생각의 틀을 바꿔본 드리머라면 이 상황을 애써 긍정적인 상황으로 전환한 후 대책 및 나름의 전략을 세워 내게 유리한 방향으로 틀어야 한다.

드리머는 시간이 있을 때마다 아르바이트도 해야 하고, 취업준비도 해야 한다. 두 마리 토끼를 잡기 위해서는 어떻게 하는 것이 좋을까? 취업에 보탬이 되는 아르바이트를 하는 것이다. 가장 좋은 것은 목표로 하는 회사에서 인턴이나 아르바이트를 하는 것이나 그것이 여의치 않다면 관련된 곳에서라도 아르바이트를 하는 게 좋다. 할 수만 있다면 그보다 좋은 것은 없을 것이다. 예를 들어, 공무원이 되고자 마음먹었다면, 관공서 아르바이트를 할 것을 권장한다.

그럼, 목표로 하는 곳과 관련된 아르바이트를 하면 좋은 점은 무엇이 있을까?

1. 아르바이트를 통해 사회경험과 업무경험을 동시에 할 수 있다

최근 기업은 스펙보다는 사회경험을 중요시하는 경향이 있다. 단순 노동을 할지언정 입사하고자 하는 곳에서 돈을 받으면서 문화나 조직생활을 경험할 수 있다는 것은 큰 매력이다. 이러한 경험은 이력서 칸을 채우는 것에 그치는 것이 아니라 자기소개서에 제대로 된 쓸 말이 생기고, 면접에서는 할 말이 생긴다. 인사담당자가 채용에 있어 중요시하는 것 가운데 하나는 '업무 적합성과 진행 능력 평가'이다.

다시 말하면 해당 기업의 업무와 관련된 아르바이트 경험이 평가에 유리할 수밖에 없다는 것이다. 일부 기업에서는 근면성실하게 근무한 아르바이트직원에게 정규직 전환의 기회를 주거나 채용 시 가산점을 주는 경우도 있다.

2. 내 적성과 생각에 어느 정도 일치하는지 검증할 수 있다

아르바이트이기에 장래에 희망하는 업무를 직접적으로 할 수 있는 기회를 얻는 것은 어렵다. 하지만 그 곳에서 보고 들으면서 조직문화를 경험하게 되면 간접적으로 그 조직에서 생활할 나의 모습을 그리면서 어느 정도 간을 볼 수 있다. 내 적성에 어느 정도 맞을지 생각해 볼 수 있다는 말이다. 이 모든 경험을 통해 '이 길이 내가 생각했던 길이 아니다'라며 훗날 입사를 후회하는 일은 적을 것이다.

3. 목표에 대해 물어볼 사람이 주변에 있다

아르바이트 하는 기간 동안 내 적성 검증은 어려울 수 있어도 주변에 물어볼 사람이 있다는 것만으로도 얼마나 좋은 기회인지 모른다. 물어볼 사람이 주변에 있다는 것은 목적지에 가까운 희망을 나타낸다.

지니의 중학교시절부터의 꿈은 싱가포르나 캐세이퍼시픽 항공사의 승무원이었다. 대학시절 비행기를 탈 기회가 있으면 어떻게든 승무원에게 가까운 쪽으로 앉았다. 승무원이 앞에 앉기라도 하면 적당한 기회를 엿봐 승무원 준비에 관해 묻기에 바빴다.

1998년 싱가포르에 펜팔친구를 방문하러 갔을 때에는 친구 아버지의 배려로 싱가포르 항공사에 가서 사진을 찍고, 공항에서는 승무원들과 함께 사진을 찍을 수도 있었다. 1999년 싱가포르 항공사를 통해 캐나다에 갔을 때에는 기장에게 직접 질문하여 꼭 싱가포르의 항공사의 승무원이 되라는 응원의 메시지와 더불어 기내 선물도 한가득 받았다. 친절한 한국 승무원은 내게 연락처를 주어 한국에 오면 연락을 주고받곤 하였다. 그 후 보다 구체적인 그림을 가질 수 있게 되었다.

질문을 받은 누군가에게는 잠시의 귀찮음이 될 수 있지만, 내 열정과 갈급함이 전달되어 그 답은 진실로 돌아올 때가 많다. 그 진실의 은혜가 나를 더 꿈꾸게 하고 현실에서 버틸 힘이 되어 준다. 지니가 비록 승무원이 되지는 않았지만 그동안 받은 감사한 경험을 이제는 되갚고 있다. 강사가 되고 싶다고 메일이나 쪽지로 보내오는 물음에 성심성의껏 답하려고 하는 것이다. 물론 열정과 갈급함이 묻어나는 메일에 한해서이다. 주변에 드리머의 꿈과 목표에 대해 물어볼 사람이 있는가? 거절당할 것을 두려워하기 전에 어떻게 하면 정중하게 질문할 수 있을지 고민하라. 만약에 그러한 은혜를 입었다면 당신과 같이 꿈꾸는 누군가에게 훗날 꼭 돌려주길 바란다.

만만한 TIP
관심 있는 직업이 막막하게만 느껴진다면 먼저 직업과 관련된 아르바이트를 통하여 경험하라.

03. 2% 달라야 뽑히는 이력서

본격적으로 취업을 준비하면서 지원자들이 가장 먼저 하는 것이 바로 이력서를 작성하는 것이다. 그런데 이력서를 작성하기 전에 우리가 생각해 봐야 할 것이 있다. 면접관이 한 번에 검토해야 할 이력서가 드리머의 이력서 하나만이 아니라는 것이다. 수많은 지원자들 가운데 어떻게 하면 드리머 이력서에 면접관의 눈을 멈추게 할 수 있을지 알아보자. 드리머의 이력서가 다르게 보일 수 있는 작성 방법은 그리 멀리 있지 않다.

1. 쓸 내용 준비

이력서를 작성하기에 앞서 우선시 할 것은 바로 이력서에 채울 내용이 있어야 한다는 것이다. 앞의 취업목표 세우기 중 학년별 취업전략에서 4학년이 되기 전에 취업에 필요한 자격요건을 모두 준비해 놓으면 좋다고 했다. 그러한 것들을 많이 준비할수록 이력서에 쓸 것들이 많기 때문이다.

2. 이력서 양식

나를 잘 나타낼 수 있는 이력서 양식을 택하자. 이력서 양식은 쓸 내용이나 분량에 따라 선택할 수 있는데 면접관이 짧은 시간에 훑었을 때 한 눈에 쏙 들어오는 깔끔한 양식으로 준비한다. 직종에 따라서 나만의 개성 있는 이력서를 작성해 보는 것도 괜찮은 방법이다.

3. 기입 항목

예전에 기입해야 했던 항목들 가운데 불필요한 것들은 사라지고 있는 추세이다. 필요한 내용으로만 기입하도록 한다.

- 학력사항
- 경력 및 활동사항
- 자격 및 수상경력
- 특기사항 및 기타사항

4. 최근 정보 우선

최근의 학력사항과 경력사항을 상단에 쓰도록 한다. 지원한 업종에 직접적으로 도움이 되는 경력이나 특기사항은 굵은 글씨로 표시하여 눈에 잘 띄도록 한다.

5. 정확성

기입한 숫자나 글자가 정확해야 한다. 수학 기간은 정확하게 계산하여 기입하고 자격증의 경우에는 취득일자, 자격명, 발행기관을 정확히 기입한다. 모두 작성한 후에 여러 번 검토하고 주변 사람을 통하여 틀린 부분은 없는지 다시 확인하도록 한다. 또한 기입한 내용은 사실과 틀림없이 정확해야 한다.

6. 내 이력서

이력서는 면접장에서 면접관이 드리머를 보기 전에 드리머를 볼 수 있도록 대변하는 것이다. 증명사진은 면접관 앞에 서있는 드리머의 모습이 될 수 있고 이력서에 쓰여 있는 내용은 드리머를 통해 나올 답변이나 기본 질문이 될 수 있다. 그렇기 때문에 이력서에 채워진 모든 것들은 다른 사람의 것이 아닌 드리머의 것으로 채워져야 한다. 욕심이 앞서 사실이 아닌 내용을 쓰거나 과장하여 쓰는 일이 없도록 하자.

7. 면접 염두

면접관은 이력서에 기입한 내용을 참고하여 질문한다. 상황에 따라서는 꼬리에 꼬리를 무는 질문을 하는 경우도 있으므로 이에 대비하여 작성하도록 한다. 이력서를 보고 질문하는 면접관에게 끌려가기 보다는 질문할 수 있는 것들을 예상하여 유도할 수 있도록 내용을 기입하는 것도 방법이다.

8. 스토리텔링

목표를 두고 달리는 사람의 발자국을 보면 그 사람이 어디로 향해 달리고 있는지 알 수가 있다. 그렇다. 드리머가 그동안 만들어 놓은 드리머만의 스토리가 이력서에 녹아있어야 한다. 지원한 회사에 지원하기 위해 혹은 그 업무를 하기 위해 얼마만큼 준비를 하고 노력을 해왔는지 분명하게 보여줘야 한다. 그 스토리가 지원한 회사에 적임자임을 말해 주어야 한다.

더불어 드리머만의 스토리가 호기심과 궁금증을 자아내어 면접장에서 꼭 한 번 만나고 싶은 생각이 들도록 해야 한다.

9. 수 기

컴퓨터 사용에 익숙한 요즘이지만 이력서나 자기소개서는 수기로 작성해 보자. 수기로 작성하게 되면 쉽게 쓰고 지울 수 있는 컴퓨터 보다 좀 더 신중하게 작성하게 된다. 지나온 나의 발자취를 돌아보며 한 줄 한 줄 기입할 때마다 지난날의 노력에 박수를 보내고 부족한 부분은 더 보완해 보도록 한다. 지니는 강의기획이나 중요한 프로그램 기획은 여전히 수기로 작성하는 편이다. 생각을 옮기는 과정에 있어 수기가 보다 의미 있게 생각되고 머릿속에도 오래 남는 것을 알 수 있다.

10. 자유양식의 이력서

회사에 따라서 자유양식의 이력서를 제출하라는 곳이 있다. 이 경우에는 드리머의 경험과 경력을 중심으로 그 회사에서 요구하는 인재로 부합될 수 있도록 작성항목을 고려하여 참신하게 작성하도록 한다.

만만한 TIP

이력서는 쓸 만한 내용으로 정확하고 진실하게 작성하자.

체크리스트 ▶ 이력서 체크 항목

체크항목	○ / ×
한 눈에 들어오도록 깔끔하게 작성했는가?	
빈칸은 없는가?	
글씨 크기는 10~11포인트로 작성했는가?	
필수항목은 기입을 하였는가?	
기입한 내용은 정확한가?	
오타는 없는가?	
최근 정보를 상단에 기입하였는가?	
거짓이나 과장된 내용은 없는가?	
증명사진은 적절한가?	
증명사진의 파일크기는 50KB 미만인가?	

이 력 서

지원분야 (마케팅)

성 명	기다림	영 문	Ki Darim
주민등록번호	930403 - 2000000		
주 소	충북 청주시 희망구 취업로길7		
전 화 번 호	043-777-7777	휴 대 전 화	010-7777-7777
E - M a i l	dreamer@dreamer.com		

글씨 배치를 왼쪽으로 통일하여 작성

학력사항

기 간	학교명	전 공	비 고
2012.03~2017.02	한국대학교	경영학과	졸업예정
2009.03~2012.02	한국고등학교		졸업

경력 및 활동사항

담당업무란과 고용형태란을 만들어 작성, 전문성 판단 근거

기 간	관련내용
2015년 12월~2016년 3월	한국그룹 인턴사원
2015년 5월~2015년 6월	청주 세무서 전산신고 보조

기간 표현 시 '월' 혹은 '.' 중 선택하여 통일해 작성

자격사항 및 상훈

기 간	자격명	발행기관
2012.11.26	워드프로세서 1급	대한상공회의소
2014.12.27	컴퓨터활용능력 1급	대한상공회의소
2015.04	3학년 1학기 성적우수장학생	한국대학교
2016.04	프레젠테이션 경진대회 우수상	한국대학교

최근 정보 순으로 첫 번째 줄부터 작성

필수사항이 아닐 경우 내세울 만한 성적이 아닌 것은 작성하지 않음

특기사항

외국어	영어	회화, 작문, 독해(하)
	TOEIC	550
컴퓨터 능력	한글, 워드, 엑셀, 파워포인트 능숙	

'능숙'은 애매하므로 '상'으로 표기

과외활동

동아리활동	활동기간	활동내용
	2012.03.20~2016.02.28	통번역 동아리 - 지역 및 학교 행사 지원

쓸 내용이 없는 경우에는 줄을 삭제하여 빈칸으로 두지 않음

봉사활동	활동기간	장 소	봉사내용
	2012.11.20~2012.11.21	햇살보육원	김장, 청소, 식사준비

병역사항

군 별	계 급	제대구분	입대일	제대일	면제사유

해당사항이 없는 부분은 삭제하여 양식에서 제외함

이 력 서

지원분야 (마케팅)

성 명	기다림		영 문	Ki Darim
주민등록번호	930403 - 2000000			
주 소	충북 청주시 희망구 취업로길7			
전 화 번 호	043-777-7777	휴 대 전 화		010-7777-7777
E - M a i l	dreamer@dreamer.com			

학력사항

기 간	학교명	전 공	비 고
2012.03~2017.02	한국대학교	경영학과	졸업예정
2009.03~2012.02	한국고등학교		졸업

경력 및 활동사항

기 간	회사명	담당업무	고용형태
2015.12~2016.03	한국그룹 인턴사원	무역 통역보조, 사무보조	인턴
2015.05~2015.06	청주 세무서	전산신고 보조	임시직
2014.06~2014.09	국제박람회	영어 통역	아르바이트

자격사항 및 상훈

기 간	자격명	발행기관
2016.04	프레젠테이션 경진대회 우수상	한국대학교
2015.04	3학년 1학기 성적우수장학생	한국대학교
2014.12.27	컴퓨터활용능력 1급	대한상공회의소
2012.11.26	워드프로세서 1급	대한상공회의소

특기사항

외국어	영어	회화, 작문, 독해 상
	TOEIC	920
컴퓨터 능력	한글, 워드, 엑셀, 파워포인트 상	

과외활동

해외어학연수	연수기간	내 용
	2013.01.20~2013.11.19	U.S.A College English Course

동아리활동	활동기간	활동내용
	2012.03.20~2016.02.28	통번역 동아리 - 지역 및 학교 행사 지원

봉사활동	활동기간	장 소	봉사내용
	2012.11.20~2012.11.21	햇살보육원	김장, 청소, 식사준비

위 내용은 사실과 틀림없음을 서약합니다.

작성일자 : 20○○년 ○○월 ○○일
작성자 : 기다림 (인)

이력서 항목별 작성요령

- **개인정보**
  - 이름, 성별, 생년월일, 주소, 연락처는 지원자의 인적사항을 알아보기 위한 정보이므로 주민등록에 기재된 것을 기준으로 한다.
  - 연락처는 명확히 기재하고 면접을 위한 연락 시 분실이나 번호가 바뀌는 등의 바로 연락이 어려울 경우를 대비하여 비상연락처를 기재하는 것도 좋다.

- **학 력**
  - 최종학력부터 기재하며, 일반적으로 고등학교~대학원까지 기술한다.
  - 편입한 경우에는 전 학교 및 현재의 학교명을 기재하고, 학점을 기재해야 할 경우 기업마다 만점의 기준이 다른 경우가 있으니 기준을 확인한다.

- **직업교육 및 자격사항**
  - 학교 교육 외의 교육(학원, 자습 등)을 통해 어떤 지식을 습득했는지 파악할 수 있게 작성한다.
  - 직무와 관련 있는 자격증을 작성하고, 자격증별 세부내용은 정확해야 한다(추후 사본제출 시 이력서와 다른 점이 발견될 경우 불이익을 받을 수 있다).

- **경력 및 경험사항**
  - 경력사항은 가장 최근의 경력부터 기술하며 지원하는 직무와 관련된 업무일 경우 다른 경력사항보다 더 상세하게 적는다.
  - 자신이 근무한 회사명과 주요 사업, 소속 부서, 최종직급, 근무기간, 주요 업무 및 성과 등을 표기하며, 부서이동이나 직책 승진, 해외 근무 등이 있었다면 별도로 표기한다.
  - 경험은 직업 외적인(금전적 보수를 받지 않고 수행한) 활동을 의미하며, 산학협력, 프로젝트 참여, 자문위원회 참여, 연구회, 동아리/동호회 등에서 수행한 활동이 포함된다.

04. 이력서의 반은 증명사진?

드리머가 지원한 회사에 함께 지원한 지원자들의 몇 %를 제외하고는 스펙에 큰 차이가 없을 것이다. 해당 회사에서 요구한 지원 자격을 갖춘 지원자들이 대부분이기 때문이다. 취업담당자가 처리해야 할 이력서를 포함한 서류전형의 개수는 적게는 몇 십 개에서 몇 백 개에 이를 수도 있다. 이러한 무더기에서 내 서류가 무사히 통과하기 위한 비책은 무엇일까? 비슷한 조건을 가진 A지원자와 B지원자 중 한 사람을 통과시켜야 한다면 당락의 최종 변수는 무엇이 될 수 있을까? 이 두 질문에 해답을 줄 수 있는 게 바로 증명사진이다. 지원하는 곳의 분위기와 특성에 맞게 맞춤형 이미지로 증명사진을 찍어 호감과 매력을 유감없이 발산할 수 있어야 한다.

지니의 경우, 2002년 가을 좀 더 넓은 곳으로 취업을 준비하면서 청주에서 프로필 사진을 조금은 다르게 촬영하기로 유명한 곳에서 증명사진을 찍었다. 요즘은 프로필 사진이나 증명사진을 다양하게 촬영하는 곳이 많지만 십 수년 전만 해도 평범한 증명사진을 찍는 곳이 대부분이었다. 바람만큼이나 준비에 있어 유별함이 컸던 지니는 촬영 전 어떤 분야의 취업용 증명사진인지 콘셉트를 사진관 촬영기사님께 정확하게 설명한 후 촬영에 임했다. 지니가 세운 취업전략 중 하나가 이력서에서부터 조금은 차별화 되게 준비되어 있는 사람으로 보이는 것이었다. 불리한 조건에 있었던 지니는 여러 지원자들 가운데 보다 눈에 띄고 싶은 마음이 컸다. 지금 와서 보면 배경과 ‑ 많지 않았던 정장 중 한 벌을 택해야 했던 ‑ 의상선택에도 아쉬움은 있지만 여러모로 공을 들인 그 당시 최선의 증명사진이었다. 그런 지니의 사진이 궁금한가? 그 사진은 바로 뒷장에 있다.

▲ 2002년 지니의 증명사진

요즘의 증명사진과는 분위기나 콘셉트가 다름을 볼 수 있을 것이다. 우선 정면을 보지 않고 옆으로 몸을 틀어 찍었다. 그 당시에는 일반적이지 않은 포즈와 배경으로 지니의 생각대로 여러 명의 지원자 가운데 눈에 띄었다. 입사 후 센터장님으로부터 사진이 예사롭지 않았다는 말씀을 들었다. 당시 일반적이지 않은 서비스강사라는 직업이었기에 그런 전략을 세웠고 통했다. 꿈을 향해 나름대로 전략을 세워 찍은 지니의 결과물이다.

그럼, 드리머가 증명사진을 찍을 때 생각해야 할 것들을 정리해 보자.

1. 적어도 2~3번 촬영한다

증명사진이 잘 나왔더라도 최소한 두 번 이상 촬영하여 더 나은 것으로 사용한다. 각각 다른 사진관에서 촬영할 수도 있고 한 번 촬영한 사진이 잘 나왔으면 같은 곳에서도 여러 번 찍어 가장 나은 사진을 사용하도록 하자. 이때 사진마다 의상이나 헤어를 달리하여 찍어도 좋다.

2. 증명사진은 나의 '미니미'이다

증명사진은 면접장에서 보여질 나의 축소판이다. 전체적인 이미지가 준비된 인재로서의 이미지를 주도록 한다. 그러기 위해서는 직업에 어울리는 헤어스타일과 복장으로 적당한 이미지 메이킹을 하여 촬영하도록 한다.

3. 좋은 인상을 주도록 한다

증명사진 촬영의 가장 큰 난관은 표정을 짓는 것이다. 직업에 따라 표정 콘셉트를 잘 잡아야 하는데, 보통은 온화한 표정을 짓는 게 좋다. 미소를 지을 때 다음과 같은 생각을 하며 촬영에 임해보자. '저는 당신을 참 좋아합니다.' 이때 드리머는 미소를 지으면서 살아있는 눈빛을 표현하는 게 중요하다. 살아있는 눈빛이란 드리머의 열정과 생각을 대변하는 눈빛이다. 살아있는 눈빛은 말 그대로 빛이 난다. 살아 있는 눈빛을 가진 사람들은 인원수에 상관없이 금세 눈에 들어온다. 보는 이로 하여금 집중을 하도록 끌어들인다. 이런 또렷하지만 따뜻한 눈빛을 드리머는 가져야 한다. 눈은 많은 것을 말하고 표현할 수 있다. 이력서에 있는 사진은 비록 작은 사진이지만 드리머의 열정과 각오를 담을 수 있도록 하자. 그러기 위해서는 평상시 드리머의 눈빛관리를 잘 해야 한다. 혼탁해지지 않도록 관리하고, 내 생각과 마음을 담아낼 수 있는 눈빛을 가져야 한다. 지금 거울을 보며 미소를 지어보자. 이것도 저것도 아닌 표정에 당황스러운가? '면접 표정관리' 부분에서 표정 짓는 법을 배워 연습하자.

4. 헤어스타일과 복장

공통적으로 단정한 헤어스타일과 복장을 준비해야 한다. 면접관이 증명사진을 보았을 때 한 눈에 쏙 들어올 수 있는 깔끔함과 스마트한 이미지를 풍겨야 한다. 요즘은 포토샵을 통해 헤어스타일이나 복장도 다듬어주고 바꿀 수도 있다. 하지만 수정 전 원본과 비교했을 때 왠지 부자연스러운 모습을 보인다. 드리머의 것으로 사전에 제대로 준비하고 촬영하자. '면접 이미지 메이킹' 부분을 참고하길 바란다.

5. 벤치마킹한다

정중하고 단정한 이미지의 직업군을 벤치마킹 하는 것도 좋은 방법이다.

시청자들에게 신뢰감을 줘야 하는 뉴스에서 볼 수 있는 아나운서의 이미지를 벤치마킹하여 준비하면 쉬울 것이다. 요즘 여자 아나운서의 이미지 연출은 예전의 정형화된 모습에서 많이 벗어났기 때문에 보다 보수적인 이미지의 스타일을 참고하고 남자 지원자의 경우에는 아나운서의 이미지를 그대로 참고해도 좋을 것이다.

6. 과한 보정은 피한다

모의면접을 하다 보면 이력서의 사진과 지원자의 모습이 많이 다른 경우를 어렵지 않게 볼 수 있다. 그럴 때면 혹시 착각하는 건 아닌지 사진 속 지원자와 눈앞의 지원자를 번갈아가며 몇 번을 확인하곤 한다. 어디 모의 면접에서만 그렇겠는가? 실전 면접에서 이럴 경우에는 면접관에게 "사진속의 지원자가 ○○○ 씨 맞습니까?"라고 질문을 받는 경우도 있을 것이다.

2007년경 지니는 조금 더 예쁘고 잘 나온 증명사진을 찍기 위해 인터넷에서 증명사진을 잘 찍는다고 하는 곳을 찾아 증명사진을 찍었다. 가서 보니 그 사진관은 촬영 후 인화하기 전 과한 보정으로 그럴듯한 모습을 만들어주는 곳이었다. 지니의 경우에는 보정의 마술이 적용되지 않았다. 완전 실패였다. 사진을 본 사람들의 반응은 "이 사람은 누구인가?"였다. 그 중 한 친구는 지니만의 매력이 사라졌다고 했다. 그렇다. 지금 봐도 어색한 나답지 않은 내 사진이다.

▲ 2~3단계를 거친 2007년 지니의 증명사진

그 사진관은 7단계까지 보정을 해주었는데 7단계는 내 모습과는 완전히 다른 사람의 모습이었다. 단계가 점차 높아질수록 어깨부터 목까지 안 건드리는 곳이 없었다. 한 3단계 정도까지의 보정은 그나마 내 모습이 있으나 그 이상은 "누구세요?"라는 말 듣기에 딱 알맞다. 위의 보정된 증명사진을 보면 지니가 말하는 그 느낌을 알 수 있을 것이다. 어색한 모습이 아닐 수 없다. 벌써 몇 년 전에 보정된 사진이라서 이렇게 어색해 보이는 것이라고 생각하는가? 혹은 지니가 실패한 경우라서 그렇다고 생각하는가? 둘 다 해당이 안 된다고는 할 수 없겠다. 하지만 숨기고 싶은 사진을 왜 공개적으로 보여준다고 생각하는가? 적정선을 넘은 보정사진은 부정적인 효과가 클 수 있다는 것을 알려주고 싶다.

포털사이트에서 '증명사진'으로 검색할 때 잘 나온 증명사진 같아서 클릭해 보면 왠지 모르게 어색해 보이는 사진이 많다. 과한 보정의 사진은 어색하고 부자연스러운 느낌을 주며, 일반적인 사진보다 실물이 기대에 못 미칠 것 같다는 부정적인 느낌도 줄 수 있다.

어떻게든 더 나은 모습을 만들어 면접장에 서고 싶은 마음은 이해한다. 하지만 사진관에서 단 몇 분 만에 보정되는 이미지보다는 면접장에 설 실제의 모습을 조금 더 시간을 들여 다듬고 만들자. 어느 정도 모습이 준비되면 그 모습으로 증명사진을 촬영하자. 과한 보정이나 포토샵으로 사진 속의 모습과 면접장의 모습이 너무 다를 경우에는 면접관에게 오히려 안 좋은 이미지를 줄 수 있음을 기억해야 한다. 사실만을 기록해야 하는 이력서에 이미 거짓을 말하고 있지 않은가?

만만한 TIP

사진관에서 단 몇 분 만에 보정되는 이미지 보다는 면접장에 보일 실제의 모습에 조금은 더 시간을 들여 다듬고 만들자.

체크항목	○ / ×
1. 벤치마킹 모델은 정했는가?	
2. 표정은 자연스러운가?	
3. 눈빛은 살아 있는가?	
4. 적절한 복장은 준비 했는가	
5. 헤어스타일은 적절한가?	
6. 사진관은 정했는가?	

05. 남달라야 뽑히는 자기소개서

자기소개서를 쓰는 방법을 알기 전에 자기소개서의 필요목적에 대해서 먼저 이해를 해야 한다. 기업에서는 수많은 이력서도 부족해 왜 자기소개서를 서류전형의 필수항목으로 넣을까? 이력서에 있는 내용만으로는 드리머에 대해 알기가 부족하기 때문이다. 혹은 이력서 내용을 보고 호감을 느껴 더 알기 위해 자기소개서를 보는 경우도 있다. 지원한 회사에서 필요로 하는 인재를 분별할 수 있는 정보가 바로 자기소개서에 있기 때문이다. 자기소개서는 이력서의 부족한 부분을 보완하거나 힘을 실을 수 있는 비타민과 같은 역할을 해야 한다. 또한 자기소개서는 면접 질문의 근원지이다. 드리머에 대하여 질문하기를 원하는 것들을 적절히 넣어 질문 밑밥을 던져놓아야 한다. 이런 자기소개서를 어찌하여 한 번에 완성하겠는가? 당연히 여러 번의 구상과 수정을 통해 완성해야 한다. 그럼, 자기소개서 작성법에 대해서 알아보자.

1. 회사에 따라 다르게 작성한 자기소개서

회사에 따라 중점적으로 들어가야 할 항목과 내용이 공통되기도 하고 다르기도 하다. 지원할 회사에 따라서 자기소개서를 달리 작성하면 당연히 시간과 노력이 더 들어간다. 하지만 공통적인 내용으로 작성한 자기소개서는 개성이 덜하다. 여기에서 개성이 덜하다는 것은 하나의 회사만을 목적으로 쓴 자기소개서보다 드리머에 대한 내용이 구체적이지 않다는 말이다. 뭉뚱그려 썼기 때문에 드리머가 적임자임을 나타내는데 설득력이 떨어질 수 있다. 찍어낸 것처럼 하나의 자기소개서로 여러 곳에 입사서류를 내기보다는 지원하는 회사에 따라 맞춤형 자기소개서로 서류전형의 합격률을 높이도록 하자.

2. 면접관의 관점에서 작성한 자기소개서

자기소개서는 드리머의 강점을 중심으로 기술해야 한다. 입사 후 희망하는 업무에 있어 도움이 되는 것들, 즉 쓰고 싶은 항목과 내용들을 먼저 정리한다. 그런 다음 면접관의 입장에서 궁금해 할 관점에서 작성하도록 한다. 면접관이 자기소개서를 통해서 알고 싶은 부분은 드리머의 가치관, 인생관, 성격 등이다. 또한 그 간의 경험이나 대외활동을 통하여 입사 후에 나타날 조직적응능력, 업무수행능력, 업무부합성, 사회성 등을 평가한다. 또한 지원동기와 포부를 통하여 기업과 함께 할 비전과 장래성에 대해서도 알 수 있다.

3. 개성 있는 자기소개서

지원자들 가운데 아직도 인터넷에 떠돌아다니는 우수 자기소개서를 짜깁기하여 본인인 것 마냥 수정해서 제출하는 경우가 있다. 이는 면접관을 잘 모르고 무시하는 행위이다. 면접관이 그동안 읽은 자기소개서가 얼마나 많겠는가? 설마 드리머의 것과 인터넷의 우수 자기소개서 샘플 정도를 구별

못하리라고 생각하는가? 드리머만의 개성은 문체나 독특한 전개방식 혹은 구성을 통하여 차별화를 할 수 있다. 그렇게 써야 면접관에게 읽힐 수 있다. 그러기 위해서는 자신만의 자기소개서를 작성할 수 있도록 끊임없이 생각하며 창의적인 결과를 내기 위해 노력해야 한다.

지니는 삼성 에버랜드에 서비스강사로 입사하고 싶은 마음이 정말 컸다. 그러기 위해서는 서비스강사직에 맞는 지니의 강점과 특징을 면접관들에게 꼭 알려야 했다. 그러기 위해서는 우선 지니의 자기소개서를 읽게 만들어야 했다. 그냥 지나치는 평범한 자기소개서가 아니라 관심을 가지고 읽을 만한 자기소개서로 작성하고 싶었다. 그래서 면접장에서 지니를 보고 해당 직무에 적임자임을 보여주고 싶었다. 그래서 다른 지원자들과는 차별화된, 독특한 자기소개서를 작성하기로 마음을 먹고 조금은 모험을 하기로 했다. 자기소개서를 하나의 책으로 콘셉트를 잡아 프롤로그와 에필로그를 포함해 책의 각 장을 각 필요 항목으로 정해 지니의 자서전으로 작성했다. 다행히도 긍정적인 평가를 받아 서류전형 합격이란 결과를 가져올 수 있었다.

4. 보기 편하게 쓴 자기소개서

면접관은 많은 자기소개서 중의 하나인 드리머의 자기소개서를 보게 된다. 한 눈에 들어오고 이해하기 쉽도록 파트를 나누어 쓰도록 한다. 파트별로 주제를 써서 나누는 방법도 있다. 이때 지원한 기업에서 요구하는 글자 수와 용량을 지키도록 한다.

5. 짧지만 구체적으로 쓴 자기소개서

자기소개서는 적어도 두 장을 넘어가지 않도록 한다. 각 단락별로 길게 쓰지 않기 때문에 뭉뚱그려 쓰기 쉽다. 이때 주의해야 할 점은 포괄적이거나 추상적인 문구만 실어서는 안 된다. 예를 들어, '아르바이트를 통해 많은 것을 알았습니다.'에서 많은 것이라고 쓰기보다는 어떤 것을 알았는지 예를 들거나 에피소드를 사용해 기술하는 것이 좋다.

6. 일관성 있는 자기소개서

자기소개서에 쓰는 에피소드나 단어표현에 있어서 드리머가 말하고자 하는 내용을 뒷받침할 수 있도록 일관성 있게 작성해야 한다. 예를 들어 영업부서에 지원하는 경우에는 영업사원에게 필요한 사회성, 적극성, 커뮤니케이션 스킬 등을 나타낼 수 있도록 작성한다.

7. 바르게 쓴 자기소개서

외래어나 한자를 쓰기보다는 가능한 한글로 작성하도록 하며 띄어쓰기나 맞춤법이 틀리지 않도록 주의한다.

8. 필수 기술항목을 포함한 자기소개서

필수항목을 작성하여 드리머에 대해 충분한 호감과 정보를 주도록 한다.

성장과정

이제 더 이상 고향소개나 부모님의 성격으로 시작하는 자기소개서를 쓰는 드리머는 없을 것이다. 지원하고자 하는 회사나 업무에 관심을 가지게 된 에피소드나 역경을 딛고 힘차게 살아온 과정을 기술하면 좋다.

성격 및 장단점

업무에 적절한 인재로 각인될 수 있는 성격을 기술한다. 단지 성격을 "적극적입니다" 혹은 "활동적입니다"라고만 작성하기보다는 에피소드를 통하여 그 성격을 나타낼 수 있도록 기술한다. 드리머의 장점을 작성할 때는 지원하는 업무를 뒷받침할 수 있는 장점을 찾아 쓰도록 하고 단점은 솔직한 단점을 쓰기보다는 언뜻 보면 단점 같기도 하지만 결코 나쁘다고 할 수 없는 것들을 찾아 쓰도록 한다. 예를 들어 "다른 사람한테 싫은 소리를 못 합니다.", "일에 너무 몰두합니다."라고 적는 것도 괜찮을 것이다. 단, 지원한 업무를 고려해 적절하게 작성하도록 한다. 욕심이 과한 나머지 면접장에서 보이는 모습과 너무 동떨어진 성격을 쓰거나 과장하여 쓰지 않도록 한다. 어떤 성격이나 장단점을 써야겠는지 모르겠는가? 지금 드리머의 성격을 장점과 단점으로 나누어 정리를 해보자. 그런 다음 단점 가운데 장점이 될 수 있는 것을 찾아 다시 작성해 본다. 그리고 주변의 친구들에게도 물어본 후 정리하는 방법도 있다.

학교생활

학교도 또 하나의 집단이다. 그 안에서의 생활을 통해 입사 후 회사에서 다른 조직원들과 어떻게 생활하고 적응할 수 있을지 엿볼 수 있는 대목이다. 드리머는 학교생활 부분에서 사회성이나 조직적응능력에 대해서 기술하고 업무관련 공부를 어떻게 업무에 연계할 수 있는지 어필할 수 있어야 한다.

사회생활 및 경력사항

지원한 회사에 입사하기 위해 그동안 어떤 활동을 하고 준비해 왔는지 보여줄 수 있는 부분이다. 특히 경력사항에는 드리머가 적임자로 생각될 수 있도록 노력한 부분이나 이룬 성과에 대해서 기술하도록 한다. 대학생활의 많은 부분이 이력서와 자기소개서의 소재가 될 수 있다. 아르바이트나 어떤 활동을 하려고 마음을 먹었다면 목표로 하고 있는 미래와 관련 있는 곳을 찾아 하는 것이 많은 도움이 될 것이다. 예를 들어 언론사에 관심이 있는 드리머라면 지역방송국이나 언론사, 기업체에서 기자로 활동한 경험이 충분히 도움이 될 수 있다.

자기소개서에서 가장 알짜배기 부분이다. 앞서 기술한 내용은 이 부분을 뒷받침하기 위하여 썼다고 할 정도이다. 포부는 어떻게 보면 입사 후 업무에 임하는 자세를 통한 성과이다. 드리머가 하고 싶은 것들을 나열하거나 과장되게 표현하기 보다는 입사 후 회사발전에 기여할 수 있는 부분을 손에 잡힐 수 있는 표현으로 현실감 있게 작성해야 한다. 예를 들어 "입사 후 2년 안에 ○○○를 대한민국 최고의 프랜차이즈로 만들어 놓겠습니다."라고 쓴다면 패기는 있어 보일 수 있으나 현실감이 떨어지는 느낌을 줄 수 있다.

자기소개서 C.S.I 작성기법
- Correct : 정확하게
- Simple : 간결하게
- Individual : 개성 있게

만만한 TIP

짧은 글에 드리머의 강점과 준비성을 담아야 한다. 많이 써보고 다듬어 간략하지만 드리머만의 색깔이 묻어나는 자기소개서를 작성해 보자.

사례 1 ▶ **취업준비생 자기소개서 항목 작성의 예**

나의 끌어당김

성장과정을 통해 지원하는 업무에 관심을 가지게 된 배경을 기술

나의 잡아당김

목표를 이루기 위해 행동으로 옮긴 부분을 기술

나의 근면성

해당 업무를 수행하기 위한 성격을 강조하며 기술

사례 2 ▶ **취업준비생 자기소개서 항목 작성의 예**

성장과정 '작지만 큰 행복'
성격 및 장단점 '부드러운 칼날'
학교생활 '인연의 중요성'
지원동기 및 포부 '꿈을 향한 동반성장'

각 항목을 간단하게 표현할 수 있도록 상단에 기입하여 자기소개서 모두를 읽지 않아도 내용을 파악할 수 있도록 한다.

우리들의 취업 성공 이력서를 공개 합니다
취업 다승? 필요 없다 1승이면 끝
나만의 무기 하나는 꼭 있어야

'50전 49패 1승'취업정보공유 카페인 '취뽀(취업 뽀개기)'에 올라온 33세 이 공계 대학원 졸업생의 취업 전적표다. 이쯤 되면 프로야구 원년부터 5년간 50게임을 뛰면서 1승 15패 1세이브라는 기록을 남긴 삼미 슈퍼스타즈의 투수 감사용에 못지않은 전적이다. 이들은 말한다. "다승왕? 필요 없어. 딱 1승이면 끝이야!"라고. 하지만 세상은 생각만큼 호락호락하지 않다. 인플레된 학점이나 토익점수는 이제 기본 중의 기본. 경연대회 입상이나 인턴 경험쯤은 있어야 제대로 된 취업전쟁을 치를 수 있다. 수십 차례의 패배 끝에 취업 혈전에서 당당히 1승을 거둔 이들의 이야기를 들어봤다.

◇ 명문대 프리미엄 버려… 백수 열 달 동안 인간됐죠.

최근 한화건설로부터 합격 통보를 받은 우수빈(26·여)씨는 지난 열 달을 백수로 지내면서 스스로 "인간이 됐다."고 말한다. 서울의 명문 K대 건축학과를 졸업한 우씨는 소위 '학교빨'이라고 불리는 학벌 프리미엄이 있을 거라고 기대했다.

우씨는 "처음에 불합격 통지를 받았을 때 '이것 봐라'하는 오기를 가졌다가 점점 떨어지는 횟수가 늘어날수록 세상이 쉽지 않다는 생각과 함께 다른 사람의 사정도 좀 이해할 수 있게 됐다."고 털어놨다. 취업 낙방이 우씨에게는 인간이 되기 위한 '쑥과 마늘'이었던 셈이다. 우씨는 "인턴을 통해 현장 경험을 쌓으려고 했지만 국내 건설현장에서 여자를 원하는 곳은 없었다."면서 "술이 조금씩 늘기 시작한 것도 그때부터"라고 전했다. 하지만 '취업대전'에서 승리한 우씨에게는 나름의 무기가 있었다. 바로 끈기였다. 우씨는 "건설현장에서 경험을 쌓을 수 없어서 해외로 눈을 돌렸다."면서 "국내 한 제빵회사가 싱가포르에 1호점을 개설한다는 이야기를 듣고 통역 아르바이트로 옆에서 인테리어와 공사 현장을 경험했다."고 말했다.

그는 아직 혈투를 벌이고 있는 친구들에게 "떨어졌다고 상처받지 말고 툭툭 털고 일어났으면 좋겠다."고 담담하게 말했다. 그의 취업대전 성적표는 30전 1승 29패다. 그가 입사한 한화건설은 그에게 1승을 안겨줬지만 1패도 안겼다. 그는 "최고의 복수는 합격"이라면서 "왜 1년 더 일찍 뽑지 않았을까 후회하게 만들어주겠다."는 포부도 밝혔다.

◇ 먼저 입사 성공한 친구들이 최고의 취업 코치였죠.

서른살 늦깎이 신입사원 박기순(30)씨는 공인회계사 시험을 보다 뒤늦게 취업 대전에 뛰어들었다. 지난 7월에 대우건설에 입사해 현재 회계 파트에서 근무하는 박씨는 "다른 친구들은 스펙보다 면접이 힘들었다고 하는데 나는 스펙을 만드는 것이 더 힘들었다."면서 "3년 동안 회계사 시험에 올인하다 보니 토익이나 학점은 다른 친구들보다 뒤처져 있었다."고 털어놨다. 그래도 그는 믿는 구석이 있었다. 회계사 시험 1차에 합격한 경력이 취업에 도움이 될 것이라는 기대였다.

그러나 그런 경력을 가진 사람은 너무 많았다. 박씨는 "3년 동안 뭐했나 하는 회의도 들었지만, 정말 실력으로 붙어야겠다는 마음을 다잡는 이유도 됐다."고 전했다. 토익점수 등 스펙을 만들어갔지만 취업은 쉽지 않았다. 특히 영어는 계속해서 그의 취업을 가로막는 주적이었다. 박씨는 "서류 통과가 되자 이번에는 영어면접이 발목을 잡았다."면서 "무슨 해외에서 공부하고 온 사람이 이렇게 많은지…"라고 목소리를 높였다. 그래도 그에게는 든든한 지원군이 있었다. 바로 먼저 입사한 친구들이었다.

박씨는 "먼저 취업한 친구들이 기업에 대한 정보는 물론 직장인 시각에서 바라는 신입사원이 어떤 것인지 코치를 해줬다. 면접에 가면 왠지 내가 붙을 것 같다는 자신감도 이런 도움 때문"이라면서 "특히 5년간 데이트 비용과 함께 불합격에 상처받은 영혼을 치유해 준 여자친구에게 영광을 돌린다."며 너스레를 떨었다.

◇ 대학 1학년 때부터 승무원 준비…목표 빨리 세우길

올 하반기에 아시아나항공 승무원이 된 김송화(23·여)씨는 '이태백 시대'에 '조기입사'를 했다. 내년 2월에 대학을 졸업하는 김씨의 친구 대부분은 아직 취업을 확정하지 못했다. 김씨는 "1학년 때부터 항공사 승무원을 목표로 취업준비를 한 결과"라면서 "영어는 물론 대학 홍보 모델 등 취업에 도움이 될 만한 활동을 했다."고 말했다. 하지만 조기입사에는 희생이 필요했다. 질식할 정도로 치열해진 취업 경쟁에 대학시절의 낭만을 포기해야만 했다. 김씨는 "1학년 때 동아리 활동을 하면서 친구들과 많이 놀았다."면서 "그러나 토익공부를 1학년 때부터 시작했다."고 말했다. 김씨가 쌓은 다양한 인턴 경험은 방학의 여유를 포기한 결과다.

그는 지금 취업 준비를 하고 있는 친구들에게 목적의식을 가지고 집중하라고 조언한다. 김씨는 "아시아나항공에 입사를 위해 금호아트홀에서 인턴 생활을 하기도 했다."면서 "무엇을 할 것인지 빨리 결정할수록 빨리 취업에 성공할 수 있다."고 강조했다.

– 기사출처. 서울신문

Chapter
04

면접 이미지 메이킹

01. 면접관이 선호하는 단정하고 청결한 이미지란?

단정하다는 것은 옷차림이나 몸가짐이 바른 것을 말한다. 어떤 모습을 통해 면접관에게 단정한 이미지를 줄 수 있는지 알아보자.

1. 헤 어

청결한 헤어로 냄새가 나지 않고 비듬이 없도록 관리해야 한다. 적당한 기간을 두고 커트를 하여 너무 짧거나 길지 않은 머리길이를 유지한다. 또한 염색을 했다면 염색할 시기가 지나서 뿌리부분의 색과 차이가 나지 않도록 하고 헤어 제품을 사용하여 머리카락이 뜨거나 부스스 하지 않도록 정리한다.

2. 얼 굴

남자 드리머의 경우에는, 면도를 신경 써서 해야 한다. 수염이 빨리 자라는 드리머의 경우에는 면도기를 소지하여 오후에도 면도를 하도록 하고 코

털이 삐져나와 있지는 않은지 확인한다. 여자 드리머의 경우에는 메이크업이 너무 진하거나 향수냄새가 짙지는 않는지 확인한다. 흰자위가 충혈 되거나 노란 색상을 띠지 않도록 잘 관리한다. 일주일에 한두 번은 각질관리를 하여 피부가 거칠어 보이지 않도록 한다. 입냄새가 나지는 않는지 그리고 치아에 이물질이 끼어 있지는 않은지도 확인한다. 입술이 건조하여 부르트거나 갈라지기 전에 보습제품을 사용하여 촉촉한 입술로 관리한다. 특히나 남성 지원자의 경우 환절기에 피부가 건조하여 얼굴이 하얗게 일어나지 않도록 주의한다.

3. 복장

복장에 얼룩은 없는지 그리고 음식냄새가 배어 있지 않은지 확인한다.
단추가 떨어졌거나 단이 풀린 곳이 없는지도 미리 확인한다.

4. 손

손톱은 너무 길지도 너무 짧지도 않은 길이를 유지한다. 손톱이 길면 게을러 보이거나 청결해 보이지 않으며 너무 짧으면 피곤한 성격으로 보일수 있다. 손톱에 이물질이 있지는 않은지 확인하고 손이 거칠 때에는 로션을 발라 관리하도록 한다. 여자 드리머의 경우에는 가능한 매니큐어를 바르도록 하고 색상은 베이지나 핑크계열이 무난하다.

5. 다리 및 발

여자 드리머는 다리 면도를 하여 스타킹을 신었을 때 보다 깔끔해 보이도록 하자. 발에 유독 냄새가 나는 드리머는 발 냄새를 억제하는 스프레이를 소지하고 다녀 필요시 사용하도록 한다.

치장보다 우선시해야 할 것이 청결이다. 평상시 드리머의 모습과 연결될 수 있으므로 항상 청결한 습관을 가지도록 한다.

02. 헤어스타일을 어떻게 하지?

직업군에 따라서 헤어스타일을 스타일 하는 게 좋다. 단정하고 보수적인 헤어스타일을 선호하는 곳이 있고 지원자의 개성 넘치는 모습을 바라는 곳도 있을 수 있다.

1. 헤어 컬러

먼저 헤어 컬러는 짙은 검정색보다는 자연갈색이나 밤색(초코릿 브라운)으로 염색하여 온화한 인상을 줄 필요가 있다. 너무 짙은 검정색의 헤어컬러는 자칫하면 고집스러워 보이고 융통성이 없어 보일 수 있다. 염색한 헤어라면 주의해야 할 점은 염색할 시기가 지나 뿌리부분과 헤어컬러가 많이 차이나는 것과 연예인과 같이 눈에 띄는 밝은 색상의 컬러염색이다. 헤어컬러는 유행을 따르기보다는 평범한 색상으로 유지하고 있는 게 좋다.

2. 헤어스타일

남자 드리머

남성 지원자의 경우는 가능한 앞머리는 뒤로 넘겨 이마를 시원하게 드러내는 게 좋다. 이때 양쪽 귀도 드러낼 수 있도록 한다. 이러한 모습은 신뢰감과 더불어 융통성 있는 사람으로 비춰 보일 수 있다. 이마와 귀를 막은 헤어스타일은 답답해 보이고 때로는 음흉해 보일 수도 있다. 성공한 CEO들의 헤어스타일을 살펴보면 2 : 8 가르마가 가장 많다고 한다. 2 : 8 가르

마라고 하면 웃음이 먼저 나오지만 남자 방송인들의 헤어스타일만 봐도 옆 가르마를 많이 하는 것을 볼 수 있다. 옆 가르마가 다소 고루해 보일 수는 있으나 보수적이고 단정한 모습을 요구하는 면접장에서는 오히려 득이 될 수 있다. 가르마 때문에 고민이라면 2 : 8로 연출해 보자. 드리머에게 어울린다면 머리카락을 모두 세운 것보다는 옆 가르마를 이용해 단정한 스타일을 연출해보자. 면접날에는 헤어 젤이나 스프레이를 이용해 깔끔하게 정리한다. 본인의 머리를 연출하는 데 어려움이 있다면 미용실에 들러 손질을 받고 가는 편이 낫다.

여자 드리머

여성 드리머의 경우에는 웨이브가 있는 스타일보다는 생머리가 나을 수 있다. 특히나 웨이브가 강한 긴 머리는 묶지 않으면 자칫 지저분해 보일 수 있으므로 피하도록 한다. 부스스한 헤어스타일보다는 드리머의 얼굴이 면접관 눈에 먼저 들어와야 한다. 전문 여성으로서의 이미지를 전달함에 있어 가장 이상적인 스타일은 깔끔한 단발이나 짧은 헤어컷이다. 긴 길이의 머리라면 뒤로 묶어 단정하게 연출하는 게 좋다. 긴 머리를 묶지 않고 면접장에 들어가면 인사할 때 머리가 흘러내려 불편하고 본인도 모르게 머리를 자주 만지게 되어 산만한 인상을 줄 수 있다. 머리를 묶을 때에는 아래로 묶도록 하며, 사용하는 액세서리는 화려한 것보다는 단정한 끈이나 핀을 사용한다. 망을 이용하면 더욱 깔끔해 보인다. 이때 큰 보석이 달리거나 흰색의 액세서리는 지양하고 머리띠나 집게 핀은 안 하는 것이 좋다.

▲ 긴 머리를 망으로 묶을 경우

3. 미용실 방문 시기

머리카락이 자라는 것과 헤어스타일이 자리 잡는 것을 감안해 개인에 따라 면접 2~3일 전이나 일주일 전쯤에 커트를 하거나 손질을 해놓는 게 좋다. 면접에 임박해 헤어스타일을 정하기보다는 취업을 준비하면서 자신에게 잘 어울리는 헤어스타일을 찾아 유지한다. 임박해서 미용실을 찾아 면접을 앞두고 헤어스타일 연출에 실패하는 일이 없어야 한다. 헤어스타일은 얼굴만큼이나 이미지에 많은 영향을 미치기 때문에 신경 써야 한다.

만만한 TIP

미용실에 가서 드리머에게 면접 시 가장 잘 어울릴 만한 스타일을 조언 받아 미리 준비해 본다.

체크항목	○ / ×
1. 전체적으로 단정한가?	
2. 헤어 디자인은 잘 어울리는가?	
3. 헤어 컬러는 잘 어울리는가?	
4. 염색할 시기가 지나지는 않았는가?	
5. (남) 이마와 양쪽의 귀가 보이는가?	
5. (여) 앞머리가 눈을 가리지는 않는가?	
6. (남) 젤이나 스프레이로 정리했는가?	
6. (여) 화려한 액세서리는 없는가?	
7. 커트할 시기가 지나지는 않았는가?(2~5주)	
8. 헤어가 많이 손상되어 푸석거리지는 않는가?	
9. 인사할 때 머리가 가로거치지는 않는가?	
10. 웨이브가 너무 강하지는 않은가?	

03. 피부 관리는 해야 하나?

면접장에서는 최대한 깔끔하고 단정한 이미지를 연출하는 게 좋다. 깔끔한 이미지는 보여지는 것처럼 일도 깔끔하게 잘 할 것이라는 긍정의 메시지를 줄 수 있기 때문이다. 헤어스타일에 이어 깔끔한 이미지를 연출하기 위한 두 번째 준비는 바로 피부 관리이다. 취업을 준비 중이거나 면접을 앞두고 있다면 피부에 신경을 써야 할 필요가 있다. 내 인상을 나타낼 매개체이기 때문이다. 특히나 고객을 직접적으로 대하는 접점이나 사람들을 많이 만나는 직업이라면 더욱 신경을 써야 한다. 피부과나 피부 관리실의 도움을 받아 관리를 받으면 좋겠지만 비용이 부담될 수 있으므로 나름의 자가 관리법으로 평소에 꾸준히 관리하는 습관을 갖도록 하자.

깨끗한 피부로 관리하기 위해서는 건강한 생활습관을 통한 피부 톤 정리가 우선이다. 면접을 앞둔 드리머라면 술과 담배를 줄이고 적당한 수면을 통해 건강한 모습으로 보일 수 있도록 준비해야 한다. 피부로 표현되는 혈색은 건강과 바로 직결되기 때문에 더욱 신경을 써야 할 부분이다. 누구든 병색이 있어 보이는 사람이 무리 없이 일을 잘 해낼 거라고는 생각하지 않는다.

남성 드리머의 경우 지저분한 피부나 잡티 때문에 고민이라면 티내지 않는 약간의 메이크업으로 가릴 수 있기 때문에 걱정하지 않아도 된다. 여성 지원자의 경우에는 면접날 메이크업을 해야 하므로 화장을 잘 받을 수 있도록 평상시 피부 관리에 더욱 신경을 써야한다. 적당한 수분섭취와 영양 공급으로 건강하고 활기 있어 보이는 피부로 만들도록 한다. 평상시에는 메이크업은 깨끗이 지우고 필요에 따라 각질 제거를 하도록 한다. 또한 얼굴에 피부트러블이 발생하지 않도록 더러운 손으로 피부를 자주 만지거나 평상시 잘 먹지 않던 음식을 면접 전 먹는 것은 피하도록 한다. 면접 전날에는 메이크업이 잘 받을 수 있도록 얼굴에 팩을 하고 충분한 수면을 취해 기본적인 컨디션을 만들어 준다. 피부는 하루아침에 좋아지지 않으므로 이 글을 읽는 지금부터라도 관심을 가지고 신경을 쓰도록 한다.

04. 피부가 좋은데, 민낯으로 가도 될까?

언제부터인가 '도자기 피부'라고 하여 좋은 피부를 가진 연예인이 소위 말하는 '생얼 사진'이라는 것을 SNS에 올리면서 민낯에 대한 관심은 높아졌다. 이러한 연예인의 자체발광 민낯사진은 보는 이로 하여금 부러움을 자아낸다. 좋은 피부는 미모에 있어 큰 강점이자 부러움의 대상이 되었다. 그러나 이런 좋은 피부를 그대로 내보이는 것이 환영받지 못하는 곳, 허용되지 않는 곳이 있다. 바로 면접장이다. 20대는 굳이 화장을 하지 않아도 고유의 풋풋함과 자연스러움이 참으로 아름다운 시기이다.

하지만! 이러한 모습에 자신 있다고 해도 면접장에 민낯으로 가는 일은 절대로 있어서는 안 된다. 그러한 모습은 면접을 준비하는 자세에 있어 부족함을 보이고 게으른 이미지까지 줄 수 있기 때문이다. 모의면접을 진행하다 보면 몇몇 여성지원자들이 민낯으로 임하는 경우를 볼 수 있다. 모의면접에서야 그런 모습을 보이면 개선할 수 있도록 피드백할 수 있지만 실전면접에서는 피드백 없이 바로 감점이 될 수 있는 부분이다. 메이크업을 한 지원자에 비해서 메이크업을 하지 않은 지원자의 얼굴은 얼굴 윤곽이 또렷해 보이지 않을 뿐더러 아파 보이거나 생기가 떨어져 보일 수 있다. 여러모로 부정적인 이미지를 줄 수 있으니 피부가 아무리 좋아도 메이크업은 꼭 하고 면접에 임하길 바란다. 민낯은 면접뿐만 아니라 입사 후에도 지양해야 할 모습이다. 보이는 이미지가 드리머의 능력을 판단하는 데에도 영향을 미칠 수 있음을 꼭 기억해야 한다.

만만한 TIP

건강하고 규칙적인 생활로 좋은 혈색을 표현할 수 있는 피부를 만들어 깔끔한 인상을 주도록 한다.

건강한 피부를 만들기 위해 앞으로 드리머가 해야 할 것과 하지 말아야 할 것을 구분하여 정리해 보자

피부 관리를 위해 지향	피부 관리를 위해 지양
· · · · ·	· · · ·

05. 걱정이 앞서는 처음 하는 메이크업

몇 년 전 ○○대학교에서 2월에 사전학습과정 강의를 한 적이 있다. 그때 그 과정의 대다수 여학생들이 메이크업을 한 모습을 볼 수 있었다. 입학 전에 벌써 그렇게 화장을 한 학생들을 보고는 놀랐지만 고등학생들이 화장한 모습을 어렵지 않게 볼 수 있는 요즘에는 그리 놀라운 일도 아닌 것 같다. 예전에는 대학 강의를 가면 메이크업 한 모습을 보고 학년을 구분하곤 했었다. 안정된 메이크업을 한 학생들은 보통 3학년 이상이기 때문이다. 하지만 이제는 메이크업한 모습만 봐서는 학년을 구별하기가 예전보다 어려워졌다. 물론 그 중에 화장을 안 하거나 아직 한 번도 해보지 않은 친구들도 있지만 분명한 건 전보다 메이크업을 빨리 시작하고 잘한다.

지니는 대학시절 1학년 때에는 메이크업을 거의 하지 않았고 2학년쯤 돼서는 트윈케이크와 립글로스 정도만 바르고 다녔다. 외출을 마치고 집에 들어오면 그나마 한 메이크업도 답답해 지우기에 바빴다. 메이크업을 하는 방법도 몰랐지만 메이크업을 하는 것도 번거롭게만 생각하여 별 필요성과 매력을 못 느꼈었다. 그러던 중 대학교 3학년 때 외국항공사 준비를 위해 등록한 승무원양성과정에서 메이크업 수업을 듣게 되었다. 그런데 10명 정

도의 수강생들 가운데 화장을 못하는 수강생은 나밖에 없었다. 다행히 화장을 잘하는 동기가 옆에 앉아 이것저것 물어보며 간신히 수업은 좇아갔지만 메이크업이 익숙하지 않았던 지니에게 메이크업 순서와 테크닉은 여간 어려운 게 아니었다. 메이크업을 하는 게 아니라 좇아서 흉내내기에 바빴다. 수업을 마치고 대전에서 청주로 돌아오는 버스에서 속상한 나머지 많이 울었다. 그간 대학생활을 하면서 화려하게 메이크업을 하고 다니는 학생들을 보면 부럽기보다는 한심하다는 생각을 했었는데, 그런 생각을 했다는 게 한심스러울 정도였다. 그 학생이 그렇게 완성된 메이크업을 하기까지는 나름의 시간과 노력을 들여 만들었을 것인데, 지니는 22살이 되어서야 이제 그 고생을 하고 있다고 생각하니 그동안 무엇을 하고 지낸 건지 회의까지 들었다. 그때부터 메이크업을 잘하는 것 또한 준비이자 자신의 경쟁력이 될 수 있다는 것으로 생각이 바뀌었다. 그 후 제대로 된 메이크업을 할 수 있게 되기까지 많이 노력하여 이제는 메이크업 하는 데 별 어려움을 못 느낀다. 그 시간을 통해 메이크업이나 옷 스타일링 등 외적으로 자신을 잘 표현하는 사람들의 노하우가 하루아침에 만들어진 것이 아니라 많은 노력과 시간에 의해 다듬어졌다는 것을 알게 되었다.

지금까지 메이크업을 해보지 않았는가? 혹은 자신이 없는가? 처음부터 메이크업을 잘 하는 사람은 많지 않다. 메이크업에 대해 기초지식을 쌓고 드리머에게 잘 어울리는 메이크업 방법을 찾아 연습을 많이 해야 보다 쉬운 방법으로 메이크업 할 수 있는 방법을 터득하게 될 것이다.

만만한 TIP

처음 하는 메이크업 걱정하지 마라. 한 만큼 는다. 시간과 횟수가 해결해 줄 것이다.

06. 면접 메이크업? 어떻게 해야 하지?

요즘은 자연스러운 메이크업이 대세이다. 너무 진하고 두꺼운 메이크업은 호감을 주기보다는 그 반대로 안 좋은 이미지를 줄 수 있다. 이런 메이크업은 면접장에서도 반영된다. 진한 메이크업을 한 지원자는 메이크업을 하지 않은 지원자보다 오히려 감점이 클 수 있다는 설문결과가 있다. 사회 초년생에게는 진한 메이크업보다는 투명하고 밝은 메이크업이 어울린다. 자연스러운 메이크업은 메이크업을 하는 모든 여성에게 해당하는 전반적인 흐름이라고 볼 수 있다.

메이크업은 얼굴의 장점을 부각시키고 단점은 보완할 수 있는 여자만의 특권이다. 메이크업이 독이 아닌 마술이 되기 위해서는 드리머의 얼굴을 바로 알고 드리머에게 맞는 올바른 메이크업 기술을 익혀 많은 연습을 통해 스스로 할 수 있도록 해야 한다. 메이크업에 자신이 없어 면접날에는 메이크업 숍에서 받고 간다고 해도 어차피 입사 후에는 직접 메이크업을 해야 한다. 더 늦기 전에 배우고 익히자.

면접 메이크업의 콘셉트는 밝고 지적인 이미지를 주는 데 있다. 부분별로 잘 익혀두자.

1. 기초 메이크업

메이크업이 잘 받을 수 있도록 촉촉한 피부로 만들어야 한다. 기초를 제대로 해두지 않으면 들뜬 메이크업으로 하루 종일 불편할 것이다. 스킨과 로션을 바르고 부족함을 느낄 때에는 수분감이 있는 크림을 바르도록 한다. 유분이 너무 많은 크림은 메이크업이 겉돌 수 있으니 피부상태에 따라 잘 조절한다. 프라이머나 메이크업 베이스로 모공이나 피부 톤을 정리하여 피부표현이 보다 잘 될 수 있도록 준비한다.

2. 피부 표현 메이크업

베이스로 피부 톤을 정리했다면 자신의 피부색보다 한 톤 밝은 파운데이션을 바른다. 잡티를 커버하기 위해 파운데이션을 두껍게 덧바르기 보다는 컨실러와 같은 커버 제품을 함께 사용하는 게 낫다. 마지막으로 소량의 파우더로 마무리 한다. 파우더를 많이 바르면 주름이 잡힐 수 있으니 밀착이 필요한 곳에 조금만 바른다.

3. 눈 썹

지니의 경우 처음 메이크업을 배웠을 때 눈썹 그리기가 매우 어려웠다. 그 당시에는 일명 갈매기 눈썹이라고 하여 얇고 뾰족하게 그렸는데 눈썹을 얇게 그리기 위해 눈썹의 뒷부분을 모두 제거했다. 눈썹연필을 사용하여 그려야 했기 때문에 한 번에 그려 성공하기에는 어려웠고 양 눈썹의 꺾어지는 부분의 균형을 맞추는 것 또한 어려웠다. 시간이 부족할 때 눈썹 메이크업을 할 때면 진땀을 빼곤 했다. 하지만 세월이 지나 요즘에는 인위적으로 모양을 만들어 그리는 것보다는 자연스러운 눈썹 메이크업을 지향한다. 잡지나 드라마에 보이는 여자 연예인들의 눈썹을 관심 있게 보길 바란다. 본인의 눈썹에 색깔만 입히는 정도이다. 보다 간편하고 쉽다. 처음 메이크업을 시작하는 드리머에게도 큰 부담이 안 된다.

▲ 눈썹 라인을 따라 그린 눈썹

눈썹을 그리는 방법은 예전보다 간단해졌으나 더 편리한 방법으로는 미용실에서 염색할 때 눈썹까지 함께 염색하는 방법이 있다. 눈썹에 숱이 많은 드리머일수록 효과를 볼 것이다. 또한 요즘은 눈썹 라인을 잡는데 유용한 제품이 많이 나와 있다. 드리머에게 적절한 것을 골라 보다 편리하게 화장할 수 있도록 준비하는 것도 좋겠다.

눈썹의 두께는 너무 얇은 것보다는 자연스러울 정도로 두텁게 그리는 편이 신뢰감을 줄 수 있어 낫다. 눈썹 칼로 눈썹을 정리한 후 필요에 따라 눈썹연필로 전체적인 윤곽을 잡은 후 눈썹과 비슷한 컬러의 아이섀도나 눈썹 전용 섀도를 사용하여 사이사이를 채우도록 한다. 이때 주의해야 할 점은 예전에 유행했던 갈매기 눈썹처럼 각이 지지 않도록 해야 한다. 갈매기 눈썹은 예전의 눈썹 문신에서 자주 볼 수 있는 모양이다. 그러한 눈썹은 인상이 사나워 보이고 나이 들어 보일 수 있다. 눈썹 메이크업은 하루아침에 완성되기 어려운 부분으로 반복된 연습을 통해 미리 준비해 둔다.

4. 아이섀도

면접관들은 보수적인 메이크업을 선호한다. 요즘 유행하는 메이크업이나 화려한 메이크업은 자제하도록 한다. 아이섀도의 무난한 컬러로는 오렌지, 옅은 브라운, 핑크 톤 등의 계열이 좋다. 먼저 베이스 컬러를 바르고 그 위에 자신에게 가장 잘 어울리는 컬러를 선택하여 표현하도록 한다. 몇 가지의 아이섀도를 사용해 입체적인 표현을 통해 은은한 느낌을 줄 수 있는 정도로 표현하도록 한다. 아이섀도 사용 시 색상 조합이 어렵다면 시중에 3~4가지 색상을 한 패키지로 판매하는 상품이 있다. 조합이 잘 되는 색상으로 판매하여 함께 사용하기에 무리가 없을 것이다. 아이섀도 제품은 온라인으로 사기 보다는 직접 매장에 나가 자신에게 직접 표현 해보고 선택하는 편이 낫다. 상품의 발색력이나 색상의 차이가 있을 수 있기 때문이다.

5. 아이 메이크업

면접 시 면접관에게 드리머의 눈으로 많은 메시지를 전달해야 한다. 이때 눈빛에 힘을 더할 수 있는 것이 바로 아이 메이크업이다. 면접 아이 메이크업은 평상시 메이크업보다는 더 또렷하고 스마트한 눈매를 연출해야 한다. 평소 또렷한 눈매를 가지고 있더라도 다른 지원자들과 함께 섰을 때 아이 메이크업을 하지 않으면 덜 분명해 보일 수 있으므로 메이크업에 아이라이너와 마스카라를 사용하여 또렷한 눈매를 만들도록 한다. 붓으로 된 아이라이너는 초보자에게 다소 어려울 수 있는데 펜슬 타입도 있으므로 걱정할 필요는 없다. 또한 젤 타입의 상품은 그림 그리듯 붓을 이용해 그리므로 보다 쉬울 것이다. 자신에게 적절한 방법으로 연습하여 보다 분명한 인상을 주는데 활용하기를 바란다.

마스카라는 하기 전·후의 효과가 분명하기 때문에 꼭 할 것을 권장한다. 어떤 모델이 5분 만에 하는 효과적인 메이크업 비법을 공개하는데 다른 것들은 못 할 수 있어도 마스카라는 절대 포기 못 한다고 할 정도로 마스카라의 위력은 대단하다. 마스카라를 하는 방법은 단순하다. 하지만 어떻게 하느냐에 따라 그 효과는 다를 수 있기에 한 번할 때 제대로 해줘야 한다.

마스카라를 하기 전 뷰러를 이용해 눈썹 모양을 잡아준다. 눈썹의 눈 안쪽에서부터 바깥쪽으로 분명하게 짚어 끊는 느낌으로 올리기 보다는 살짝 위로 올리는 느낌으로 살짝 씩 끊어 올린다. 여기에 마스카라를 눈썹의 맨 아래 안쪽부터 촘촘히 위로 끌어올린다. 마스카라는 워터프루프 제품을 사용하여 메이크업 후 눈 밑 검은 자국이 생기지 않도록 하여 인상이 어두워 보이거나 피곤해 보이지 않도록 한다. 요즘은 다양한 색상의 마스카라가 나와 있지만 면접에서는 검정색을 사용하도록 한다.

6. 립 메이크업

드리머가 어떤 립스틱 색상을 선택하느냐에 따라 그 날의 메이크업 분위기가 결정이 된다 해도 무리가 아니다. 면접날에는 드리머에게 그 어느 때보다도 잘 어울릴 수 있는 립스틱 색상으로 얼굴을 보다 화사하고 밝게 보일 수 있도록 한다. 립스틱 또한 온라인으로 구매하기보다는 매장의 테스터 제품으로 발색을 확인한 후에 구매하도록 한다.

누드 톤의 너무 밝은 립스틱 색상을 바르면 혈색이 없어 보이고, 너무 진한 색상은 나이 들어 보일 수 있으므로 면접 메이크업에서는 피한다. 면접 메이크업에서 무난한 립스틱 색상은 핑크나 오렌지 그리고 핑크베이지 계열이다. 손등이 아닌 꼭 입술에 발라보고 구입하자.

면접 메이크업에서는 립글로스 보다는 립스틱을 바르는 게 좋으나 입술이 너무 건조해 보인다거나 활기가 없어 보이면 립스틱을 바른 입술 위에 소량의 립글로스를 발라 생기를 더할 수 있다. 다량의 립글로스를 사용하면 번들거림이 많아 단정해 보이지 않을 수 있으므로 주의해야 한다. 만약 메이크업 수정이 어렵거나 말을 많이 해야 하는 면접이라면 틴트를 추천한다. 평상시 입술이 건조하면 립밤을 발라 촉촉하게 유지하여 립스틱을 발랐을 때 입술 각질로 색이 겉돌지 않도록 한다. 입술 모양이 아래로 처진 드리머라면 우울한 인상을 줄 수 있으므로 입술라인 끝부분이 위로 향하게 그려 밝은 인상을 줄 수 있도록 한다.

▲ 처진 입술(수정 전)　　▲ 올린 입술(수정 후)

7. 음영 메이크업

개별이든 그룹면접이든 면접은 면접관과의 거리를 두고 진행이 되기에 그런 점을 감안하여 메이크업을 하는 것이 좋다. 거리를 두고 보기에 또렷하고 분명한 음영을 둔 메이크업이 필요하다. 이러한 윤곽 메이크업은 보이는 이미지처럼 업무도 똑 부러지게 할 것이라는 인상을 줄 수 있다.

눈밑의 다크서클은 지원자가 우울해 보이고 건강하지 않은 모습으로 보일 수 있다. 파운데이션을 바르기 전에 눈밑 전용 파운데이션을 발라 밝은 색상을 줄 수도 있지만, 하이라이트를 이용해 눈밑을 보다 밝게 표현할 수 있다. 눈밑 표현만 달라도 사람의 이미지가 많이 달라 보일 수 있으므로 눈밑은 밝게 연출하도록 하자. 여기에 볼터치를 이용해 조금 더 생기 있는 피부표현을 해보자. 또렷한 윤곽을 표현하는 또 하나의 방법은 T zone 부분에 하이라이트를 주는 것이다. T zone이란 얼굴에서 T자로 표시할 수 있는 이마와 코 부위를 말한다. 미간 윗부분과 콧대에 하이라이트를 주어 보다 분명한 윤곽으로 또렷한 인상을 줄 수 있다. 마지막에는 전체적으로 섀도를 준다. 넓은 이마가 신경 쓰인다면 머리카락의 경계선에 전용 섀도로 칠해주고, 갸름한 턱선을 원한다면 턱부터 귀까지 칠하도록 한다. 이때 V라인에 대한 과한 욕심으로 너무 덧칠하여 섀도 색상이 두드러지지 않도록 자연스러운 정도에서 멈추도록 한다.

8. 차선책은 전문가의 손길

메이크업을 하루아침에 할 수 있는 것이 아니기에 정말 급할 때에는 전문가의 손에 맡겨 메이크업을 받고 가는 것도 방법이다. 전문가의 손을 빌려 메이크업을 받으면 확실히 달라 보이는 것은 사실이다. 그러나 메이크업을 받은 티가 날 수 있다. 그리고 면접장에 가보면 메이크업을 받고 온 지원자들의 모습은 어딘지 모르게 닮아 있다. 면접 메이크업의 정석으로 했기 때문이다. 매번 면접 때마다 비용을 지불할 수는 없기에 메이크업을 매번 받기보다는 메이크업 단기 강좌를 배워서라도 스스로 할 수 있도록 하는 편이 좋겠다. 입사 후에는 매일 화장을 해야 할 텐데 그때는 어떻게 할 것인가? 보여지는 이미지가 업무능력 평가에도 영향을 미치는 것을 생각한다면 미리 신경을 써서 준비해 두도록 한다.

하지만 무엇보다도 잊지 말아야 할 것이 있다. 그 어떤 메이크업도 능가할 수 없는 미소이다. 미소를 두고 최고의 화장술라고 하지 않는가? 메이크업 기술에 환한 미소까지 더한다면 면접관에게 좋은 이미지를 심는 데 힘을 실어줄 것이다.

메이크업 기술도 드리머의 준비로 비칠 수 있다. 드리머에게 잘 어울리는 화장 기술을 익혀 충분히 자신의 매력을 표현할 수 있도록 한다.

THE 알아보기   메라비언 법칙

미국 UCLA 심리학 명예교수인 앨버트 메라비언(Albert Mehrabian) 박사는 커뮤니케이션에서 상대방에게 인상을 주는 데 영향을 미치는 요인으로 시각적요소가 55%, 청각적요소가 38%, 언어적요소가 7%를 차지한다고 한다. 다시 말해 비언어커뮤니케이션이 언어커뮤니케이션보다 첫인상을 결정짓는데 더 중요하다는 말이다. 비언어커뮤니케이션이란 바로 보이는 모든 것을 말한다. 보이는 이미지는 말하는 내용에 상당한 힘을 실어줄 수 있다. 면접에도 이 메라비언 법칙이 적용된다. 면접관에게 좋은 인상을 주고 싶은가? 다른 사람들에게 좋은 인상의 사람으로 남고 싶은가? 드리머의 시각적인 요소는 어떠한지 점검해 보자.

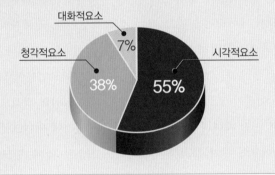

대화적요소
7%

청각적요소
38%

시각적요소
55%

07. 비호감 면접복장은?

제대로 된 준비를 위해서 상대를 바로 아는 것은 분명히 도움이 된다. 특히 면접은 보이는 것이 반 이상을 차지하는 것이기에 상대의 선호도를 알면 준비하기가 수월해진다. 그럼 면접복장을 준비하기에 앞서 인사담당자들이 호감을 가진 면접복장을 알아보자.

다음은 인쿠르트에서 기업의 인사담당자 354명을 대상으로 실시한 설문으로 '면접 시 비호감 면접복장 1위'를 묻는 질문이다. 인사담당자들에 따라 순서는 바뀔 수 있으나 큰 차이는 없다. 드리머 가운데 1차 서류전형에서는 무난하게 통과하나 2차 면접에서 연속적으로 불합격한다면 먼저 면접복장을 점검해 보길 바란다.

남성 지원자의 경우
- 1위 : '단정하지 않은 머리'(78.0%)
- 2위 : '지나치게 화려한 색깔의 옷'(50.3%)
- 3위 : '운동화'(46.9%)
- 4위 : '정장이 아닌 옷차림'(30.8%)
- 5위 : '액세서리 착용'(25.4%)

여성지원자의 경우
- 1위 : '노출이 심한 옷차림'(78.2%)
- 2위 : '단정하지 않은 머리'(57.6%)
- 3위 : '진한 메이크업'(54.5%)
- 4위 : '과도한 액세서리'(46.3%)
- 5위 : '치마가 아닌 바지 차림'(4.8%)

– 출처, 연합뉴스

08. 베스트 면접복장은?

1. 옷차림도 전략이다

'신은 인간의 마음을 보지만 인간은 겉모습을 본다.' 그렇다. 사람은 보이는 것을 믿고 평가하려는 성향이 강하다. 세련된 옷차림을 한 사람이 지나가면 다시 한 번 뒤돌아보게 되고 무엇을 하는 사람인지 궁금해하기도 한다. 즉 호감을 가지게 된다는 것이다. 회사 내에서 옷을 잘 입은 사람은 하는 일에 있어서도 능력 있는 사람으로 비춰지기가 쉽다. 그만큼 부지런하고 자기 관리를 잘 하는 사람으로 보이기 때문이다. 전략적인 옷차림으로 드리머의 능력에 날개를 달아야 한다.

자신에게 잘 어울리는 복장을 착용한 날에는 거울에 비친 자신의 모습이 흡족하지 않은가? 그 어느 날보다도 높은 자신감으로 하루를 보낼 수 있다. 급하게 꺼내 입은 잘 어울리지 않는 옷으로 하루종인 자신이 작아 보였던 경험이 한번쯤은 있을 것이다.

2. 드리머에게 어울리는 디자인과 색상으로 착용한다

유행을 좇기보다는 드리머 자신이 돋보일 수 있는 디자인과 색상의 의상을 선택하도록 한다. 드리머의 체형을 커버할 수 있는 디자인으로 선택하되 여성 드리머의 경우 의상색상을 잘 배합하면 더욱 날씬해 보이고 세련된 느낌을 줄 수 있다. 의상은 보는 것과 입어보는 것에 차이가 있으므로 꼭 입어보고 구매를 결정하도록 한다. 기본적인 아이템은 활용도가 높아 구입하면 입을 일이 많기에 소재가 좋은 옷으로 구입하여 오랫동안 입도록 한다. 인사팀에 있는 한 선배로부터 대부분의 지원자들이 남녀를 막론하고 검정색만 착용한다는 말을 들었다. 한 번 생각해 볼 말이다.

3. 좋은 소재의 의상을 선택한다

아무리 고가의 의상도 소재가 좋지 않으면 고급스러워 보이지 않는다. 눈으로 보고 만져도 보면서 조금은 깐깐하게 고르도록 한다. 사람에 따라 어울리는 소재에 차이가 있을 수 있다. 특히나 재킷의 소재는 더 고급스러워 보이는 것으로 구입한다.

4. 단정하고 깔끔한 콘셉트가 정답이다

면접복장을 착용했을 때 전체적으로 한 눈에 들어오는 단정함과 깔끔함이 있어야 한다. 여기에 신입사원을 연상시킬 수 있는 'Fresh' 신선한 느낌을 주어야한다.

5. 상·하복이 동일한 색상이면 키가 커 보인다

신장이 작은 드리머라면 다른 색상의 상·하복은 분리돼 보여 더 작게 보일 수 있으므로 동일한 색상으로 착용하고 이왕이면 의상의 무늬도 작은 것으로 고른다.

6. 재킷은 어두운 색으로 선택한다

어두운 재킷에 셔츠나 블라우스를 밝은 색상으로 연출하면 좀 더 또렷하고 깔끔해 보일 수 있다.

7. 재킷과 셔츠와 넥타이는 Tone on Tone으로 한다

넥타이를 센스 있게 코디하면 보다 세련된 이미지를 줄 수 있다. 넥타이의 무늬가 있고 없음에 따라 그 코디를 조금 다르게 할 수 있다. 무늬가 없는 솔리드 타이는 색상을 재킷이나 셔츠와 동일 계열의 색상으로 맞추고 무늬가 있는 타이는 그 무늬색상을 재킷이나 셔츠의 색상에 맞추면 보다 세련되고 감각적으로 보인다.

8. 넥타이가 포인트이다

타이 색상을 셔츠보다 짙은 것으로 선택해 포인트가 되도록 하여 보다 분명한 이미지를 줄 수 있도록 한다. 정장 착용 시에는 재킷과 타이의 V존이 이미지 연출에 있어 중요하다.

09. 직업별로 면접 때 옷을 다르게 입는다고?

일반 기업체나 공무원의 면접복장은 디자인이나 색상의 선택의 폭이 넓지 않다. 그 만큼 보수적이라는 말이다. 하지만 직업군에 따라 드리머의 개성을 살려 착용할 수도 있는 경우도 있다. 패션이나 광고회사 같은 경우가 그렇다. 다른 지원자와 차별화된 복장이 드리머의 능력이자 감각으로 평가될 수 있기 때문이다. 자신에게 맞는 스타일링을 잘 하기 위해서는 평상시 드리머의 체형, 디자인, 어울리는 색상, 소재, 액세서리 등 관심을 가지고 많은 시행착오를 거쳐 드리머만의 스타일을 완성해야 한다. 직업군에 따라 센스 있게 연출하도록 한다.

10. 바른 정장 착용법?

1. 남자 드리머

정장 색상

면접관이 선호하는 면접복장의 색상은 검정, 감색 그리고 회색계열의 정장이다. 가장 많은 지원자들이 입는 색상은 검정색이다. 하지만 검정색은 너무 어두워 보이고 특히 신체가 작은 드리머의 경우에는 더욱 위축되어 보일 수 있는 색상이다. 검정색은 권위적인 색상으로 신입사원의 색상으로 베스트는 아니다. 지니는 감색계열의 정장을 추천한다. 감색은 드리머가 학창시절에 입은 교복 색과 비슷한 색으로 남색보다 더 짙은 색을 말한다. 감색은 상대방에게 신뢰감을 주고 스마트한 느낌을 줄 수 있어 신입사원 이미지에 탁월한 색상이라고 할 수 있다. 일부 지원자가 회색계열의 정장을 입는데 회색은 지적인 이미지를 줄 수 있고 많은 지원자 가운데 서면 비교적 밝은 색상으로 튀어 보일 수는 있다. 회색계열의 정장 착용 시 밝은 회색은 또렷해 보이지 않고 계절에 따라 추워 보일 수도 있다. 특히 일명 은갈치색이라고 하여 윤기 나는 회색계열의 정장은 진지함 없이 가벼워 보이므로 절대로 착용하지 않도록 한다. 다소 어두운 편의 회색정장은 언론사에 지원하는 드리머에게 제격이다.

정장과 넥타이 디자인

앞의 베스트 면접복장에서 말한 것처럼 면접복장을 통해 나의 능력과 이미지에 시너지 효과를 낼 수 있도록 잘 연출해야 한다. 그러기 위해서는 내 체형에 꼭 맞는 디자인의 정장을 착용해야 한다.

뚱뚱한 드리머라면 진한 색상의 정장에 굵은 스트라이프가 들어간 정장을 착용해도 좋다. 반해 마른 드리머라면 너무 진한 색상을 착용하기보다는 밝은 색상을 착용하는 것이 좋다. 품이 큰 옷보다는 잘 맞는 옷을 착용하되, 몸에 너무 꽉 끼어 마른 체형이 두드러져 보이지 않도록 주의해야한다.

넥타이는 정장에 있어 포인트 부분으로 생기를 줄 수 있도록 한다. 가장무난한 것은 무늬가 없는 솔리드나 스트라이프 정도이다.

드레스셔츠

보통 재킷의 색상은 진한 것으로 착용하기에 셔츠는 밝은 색상으로 선택하는 게 좋은데 흰색이 가장 무난하다. 그 밖의 색상은 피부 톤에 따라 재킷의 색상과 어울리는 것으로 노란계열, 푸른계열, 회색계열, 핑크계열 등으로 코디할 수 있다. 앞에서 말한 것처럼 Tone-On-Tone으로 코디하면 실패할 확률이 낮다.

드레스 셔츠 속에는 러닝셔츠를 입지 않는 게 원칙이다. 하지만 우리나라 남성들은 속살이 보여 많이 불편해 한다. 하지만 외국의 중요 석상의 비즈니스맨들은 러닝셔츠를 착용하지 않는다. 러닝셔츠 없이 드레스셔츠를 착용하는 게 부담스럽다면 러닝셔츠에 팔이 있는 것을 입기 바란다. 드레스셔츠 안에 팔이 없는 러닝셔츠는 보다 선명한 자국으로 정장착용의 품격을 떨어뜨린다.

우리가 드레스셔츠에 대해 또 잘못 알고 있는 것이 있다. 여름에도 반팔 셔츠가 아닌 긴 셔츠를 입어야 한다는 것이다. 더운데 어떻게 긴팔의 드레스셔츠를 입을 수 있냐고 반문하는 드리머가 있을 수 있다. 하지만 긴팔과 반팔 드레스셔츠의 팔 길이는 몇 cm 차이가 안 난다. 어차피 민소매가 아닌 이상 큰 차이가 없단 말이다. 비즈니스맨이나 정치인들이 공식석상에서 반팔 드레스셔츠를 입은 모습을 보았는가? 그 모습이 바로 안 되는 이유의 답이다.

넥타이 길이

드리머의 아버지가 정장을 입으셨을 때 넥타이 길이를 본적이 있는가? 대부분의 아버지들은 넥타이를 길게 맨다. 넥타이를 길게 매면 작은 신장을 더 작게 보일 수 있고 짧은 넥타이는 우스워 보일 수 있다. 정장 착용 시 적당한 넥타이 길이는 바로 섰을 때 벨트의 버클 끝부분에 살짝 닿도록 매는 것이다.

소매

소매길이가 너무 길면 다른 사람의 옷을 빌려 입은 것처럼 보이고 너무 짧으면 이 또한 우스워 보인다. 재킷 착용 후 손으로 재킷을 살짝 잡을 수 있는 정도가 좋다. 드레스 셔츠의 소매 길이는 재킷 밖으로 1~1.5cm 정도가 나오는 것이 적당하다. 별 거 아닌 듯해 보여도 전체적인 옷차림에 큰 영향을 미치니 세심하게 신경을 쓰기 바란다.

주머니

캐주얼을 입고 다닐 때에는 주머니에 휴대폰이나 지갑을 넣어 불룩하게 하고 다닐 수 있지만 정장을 착용할 때에는 가능한 정장의 실루엣이 살 수 있도록 자질구레한 것들은 가방에 넣도록 한다. 지갑을 소지해야 할 경우에는 바지 주머니 보다는 재킷 안주머니에 넣도록 한다. 신분증과 카드 등 꼭 필요한 것만 넣어서 불룩하지 않도록 하자.

바지 길이

요즘은 바지 정장을 비교적 짧게 입는 추세이다. 하지만 바지 길이가 너무 짧으면 사람이 우스워 보인다. 또한 길어서 바닥에 끌리면 단정해 보이지 않는다. 기성복으로 판매된 정장 바지는 모두가 착용할 수 있도록 여유 있는 길이로 제작되어 나오기에 대부분의 드리머의 경우는 바지의 길이를 줄여야 할 것이다. 적당한 바지 길이는 걸을 때 바지 속 양말이 보이지 않아야 한다. 구두의 등을 살짝 덮거나 바지 뒷부분이 구두창과 굽이 만나는 부분까지 내려오는 게 적당하다. 신장이 작다면 커프스(바지 단이 접혀진) 디자인의 바지는 입지 말자. 절개부분으로 신장이 더 작아 보일 수 있다. 키높이 구두를 신어야 한다면 이때에는 키높이 구두를 신고 바지 길이를 줄이도록 한다.

2, 여자 드리머

색상

여자 드리머의 의상 색상은 남자 드리머에 비해 크게 제약이 없다. 드리머의 피부색에 잘 어울리는 색상을 선택하면 된다. 상·하의의 색상이 같으면 신장이 커 보일 수 있으니 신장이 작은 드리머는 같은 계열의 정장을 착용하길 바란다. 단, 다소 고루해 보일 수는 있다.

디자인

원피스에 재킷을 입기보다는 상하가 분리가 된 투피스를 입는 게 훨씬 전문성 있어 보인다. 버튼이 있는 재킷으로 단정함을 더한다. 무늬가 있는 것보다는 단순한 디자인으로 가능한 깔끔해 보이는 디자인을 택한다.

재킷 안의 이너는 블라우스보다는 탑을 입어 보다 시원한 인상을 줄 수 있다. 블라우스를 입을 경우에는 리본이나 러플이 크게 달린 너무 여성스러운 디자인은 피하도록 한다. 리본이나 러플이 단정하게 정리되어 있지 않으면 오히려 지저분한 느낌을 줄 수 있다.

면접치마의 정답은 바로 H라인이다. A라인 보다는 H라인이 단정해 보이고 라인을 살려주어 정장 착용 시 보다 예쁘게 보인다. 걷거나 움직임이 있을 때 치마가 펄럭일 수 있는 디자인은 피한다.

치마길이

치마길이는 무릎 선이나 무릎 바로 위 정도가 적당하다. 너무 짧은 경우에는 의자에 앉았을 때 불편하고 보는 면접관도 불편해 할 수 있다. 드리머가 치마를 착용했을 때에는 길이가 신경 쓰여 손이 자주 치마 쪽으로 갈 수 있다. 반대로 너무 긴 치마는 답답해 보이거나 다리가 짧아 보일 수 있다. 치마를 입었을 때 너무 긴 느낌이 나면 반 단에서 한 단 정도 미리 줄여놓자.

11. 구두는 어떤 걸 신을까?

패션의 끝은 구두라고 했던가? 멋지게 정장을 차려입은 신사의 구두가 의상과 잘 매치되었을 때나 센스 있는 구두 착용으로 패션에 시너지 효과를 낸 여성을 보고 있노라면 참 매력적으로 보인다. 면접장에서 구두로 매력적인 이미지를 내기에는 한정적인 이미지 연출로 무리가 있지만 그 구두 때문에 애써 신경 쓴 면접복장에 상처를 내서는 안 되겠다.

남성 지원자의 경우에는 검정색 구두가 가장 무난하다. 보통 짙은 정장을 입기에 검정색으로, 디자인에 있어서도 튀지 않고 심플한 디자인의 구두가 좋다. 면접용으로, 구두를 사야 한다면 정장과 캐주얼차림에 활용도가 높은 구두를 사기 보다는 정장에 보다 잘 어울리는 디자인으로 구입하도록 한다.

▲ 끈이 있는 것으로 단정한 디자인 – 사진출처, 금강제화

남성 지원자의 경우 170cm 미만의 지원자라면 키높이 구두를 착용하라고 권하고 싶다. 서양 옷인 양복의 경우에는 작은 키보다는 어느 정도 신장이 커야 멋져 보인다. 또 한 가지 중요한 사실은 신장이 작은 사람보다는 큰 사람이 상대방에게 신뢰감을 더 준다고 한다. 키가 작다고 한숨을 쉬기 보다는 현실에 맞게 대처하는 편이 낫다.

여성 지원자의 경우에도 검정색 구두가 무난하나 경우에 따라서는 의상에 따라 밤색이나 남색을 착용하는 것도 나쁘지 않다. 구두는 앞, 뒤가 모두 막힌 펌프스가 좋다. 여름에 면접을 본다고 해도 샌들이 아닌 펌프스를 착용하도록 한다. 구두를 사야 한다면 디자인은 단조롭고 튀지 않는 것으로 부착된 액세서리가 없는 것이 좋다. 요즘은 소위 킬 힐이라고 불리는 굽 높은 구두가 대세이기는 하나 굽이 너무 높으면 면접관들이 보기에 불편해 보이거나 보행이 자연스럽지 않을 수 있으므로 피한다. 킬 힐을 신은 지원 자의 경우에는 오히려 '나 키 작아요.'라는 메시지로써 작은 신장을 더 도드라져 보이게 할 수 있다. 킬 힐은 신장이 큰 지원자 보다는 신장이 작은 지원자가 신었을 때 더 도드라져 보인다. 신장에 따라서 굽 높이를 결정하되 가장 무난한 것은 5~7cm이다. 이 정도 높이의 구두를 착용했을 때 다리선이 가장 예뻐 보이기 때문이다. 신장이 크다고 하여 면접장에 플랫슈즈를 신고 가서는 안 된다. 굽이 1~2cm가 있더라도 구두를 착용하는 것이 단정해 보이므로 꼭 구두를 착용하기를 바란다. 구두 앞코의 디자인은 체형에 따라 선택할 수 있는데 살이 찐 체형은 뾰족한 라인이 좋고 마른 체형은 둥근 라인을 선택하는 게 좋다.

▲ 액세서리 없는 단정한 디자인의 구두 – 사진출처. 금강제화

12. 양말이랑 스타킹도 신경 써야 한다고?

면접복장은 작은 것에도 꼼꼼히 신경을 써야 한다. 작은 것 하나가 드리머의 좋은 인상을 주는 것에 방해가 돼서는 안 되기 때문이다. 복장은 시너지 효과를 내야 할 중요한 요소이다. 작은 것 중 신경 써야하는 것 하나가 바로 양말과 스타킹이다. 평상시 신는 양말이나 스타킹은 무심하게 손이 가는대로 신거나 혹은 멋을 위해 포인트로 이용하는 부분이지만 면접복장에 있어서는 보수적으로 착용해야 한다. 면접 당일에는 새 양말과 스타킹을 착용하도록 하자.

멋쟁이는 바지와 구두의 중간색상의 양말을 착용한다고 한다. 하지만 이렇게 구입하기에는 복잡하다. 복잡할 필요 없이 검정색구두에 맞추면 간단하다. 특히나 검정이나 남색의 정장을 착용할 드리머라면 검정색 양말이 진리이다. 회색정장을 착용하고 검정색구두를 착용할 드리머라면 짙은 회색의 양말도 좋다. 이때 양말의 길이가 어중간하여 의자에 앉았을 때 바지 속의 속살이나 털이 보이지 않도록 적당히 긴 양말을 신으며 양말에 주름이 잡혀 쭈글쭈글하지 않도록 신경 써야한다. 절대 흰색 양말은 신지 않도록 한다.

여성 지원자의 스타킹은 두 가지 색으로 결정된다. 무늬 없는 살색과 커피색이다. 피부가 반투명 되는 살색이나 커피색으로 어떤 무늬나 포인트도 없어야 한다. 주의해야 할 점은 겨울에 춥다고 하여 두터운 검정색의 스타킹이나 레깅스로 대신해서는 안 된다. 또한 망사 스타킹도 지양해야 한다. 망사 스타킹은 잘못 착용하면 '나 오늘 한가해요. 우~'의 느낌을 줄 수 있다. 쉽게 말해 단정치 못한 이미지를 준다는 것이다. 의상에 맞춰 살색이나 커피색 가운데 택일하되, 살색보다는 커피색이 다리라인을 가늘어 보이게 한다.

13. 시계는 차고 갈까?

요즘은 휴대폰이 시계 역할을 대신하여 시계를 착용하지 않는 사람이 많다. 예전 TV 광고에서 이러한 모습을 대변하듯 시계를 착용한 사람에게 시간을 물어보니 시계를 보지 않고 휴대폰으로 시각을 확인하여 알려준 장면이 있었다. 하지만 비언어메시지가 많은 영향을 주는 면접 이미지에 있어서는 시계는 착용하는 편이 낫다. 특히나 남성의 경우에는 조금 더 준비된 사회인으로서 지적이고 스마트한 이미지를 줄 수 있고 여성의 경우에는 세심하고 책임감 있어 보일 수 있다. 이때 착용하는 시계는 브랜드 로고가 크게 있거나 크기가 너무 큰 화려한 색상의 시계는 피한다. 단정한 디자인의 메탈이나 가죽 시계를 선택한다.

여성 지원자의 시계는 얇은 메탈이나 가죽 시계를 택한다. 메탈의 색상은 골드나 실버 가운데 피부 톤에 어울리는 것으로 지나치게 빛나는 것은 피한다. 가죽의 색상은 검정색이나 밤색이 무난하다. 너무 빛나는 보석이나 장식이 있는 시계는 피한다.

14. 렌즈 낄까 안경 쓸까?

면접장에서는 한 눈에 들어오는 깔끔하고 시원한 이미지가 좋다. 그런 이미지를 줄 수 있는 또 하나의 창이 바로 눈이다. 안경을 착용했을 때 보다 지적으로 보이거나 세련된 인상을 주는 드리머라면 안경을 착용하는 편이 낫다. 소위 안경 빨이라고 한다. 연예인 가운데 유재석 씨와 배용준 씨를 떠올려 보면 쉽게 이해가 될 것이다. 그러나 평상시에는 안경을 착용하지만 렌즈 착용에 불편함이 없다면 렌즈를 착용할 것을 권한다.

면접장에서 안경 착용의 단점은 드리머의 눈에 담긴 눈의 열정과 열망이

면접관에게 약하게 전달될 수 있다. 안경에 한 번 걸러진 눈이 보이기 때문이다. 가장 큰 단점은 드리머의 이미지가 답답해 보일 수도 있다. 특히 뿔테안경을 착용했을 때에는 다른 안경에 비해 얼굴면적의 많은 부분을 차지하기 때문에 더욱 그렇게 보일 수 있다. 만화에서나 볼 법한 얼굴의 반 정도를 차지하는 뿔테안경이나 장난기 있어 보이는 동그란 안경을 쓰고 면접장에 가는 드리머는 없기를 바란다.

부득이하게 안경을 착용해야 한다면 안경점에서 전문가와 상담하여 자신에게 잘 어울리는 모양과 색상으로 선택하여 착용하길 바란다. 얼굴형과 혈색에 따라 테의 유무와 색상을 고르도록 한다. 안경테 가운데 뿔테는 쳐다보지도 말 것이며 가능한 무테나 반 무테를 착용하도록 한다. 너무 패셔너블한 안경테는 일부 직업군을 제외하고는 지양하도록 한다.

렌즈 착용의 경우 갑자기 렌즈를 착용하게 되면 눈에 부작용이 생길 수 있으니 여유 있게 착용을 시도하여 큰 문제가 없는지 살펴봐야 한다.

15. 액세서리는 어떻게 할까?

면접관에게 멋지고 예뻐 보이기 위한 마음이 커서 온갖 액세서리로 치장하는 드리머의 경우를 보는 경우가 있다. 혹은 다른 드리머보다 튀기 위해서 그렇게 치장하는 경우도 있다. 맞다. 면접장에서 가장 돋보이고 눈에 띄어야 하는 주인공은 바로 나다. 그렇기 때문에 나 이외의 다른 것이 주목을 받아서는 안 된다는 것이다. 과유불급이라고 했다. 필요에 따른 액세서리는 착용한 복장에 시너지 효과를 줄 수 있으나 과한 치장은 눈살을 찌푸릴 수 있다. 면접의상에 더할 액세서리는 최대 3개까지만 하도록 하자. 남성지원자의 경우는 시계 정도만 착용하고, 여성지원자의 경우에는 시계, 귀걸이, 목걸이 정도면 된다. 커플링이나 포인트가 될 수 있는 헤어핀은 잠시 넣어두도록 한다. 안경을 착용한 여자 드리머는 귀걸이를 안 하는 게 더 단정해 보일 수 있다.

귀걸이나 목걸이의 장식은 너무 큰 사이즈보다는 단정하게 보이는 작은 사이즈가 좋다. 귀걸이의 디자인은 줄로 늘어뜨리는 것보다는 귀에 부착하는 것이 좋다. 가장 무난한 디자인은 작은 사이즈의 큐빅이나 진주 장식의 귀걸이이다.

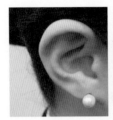 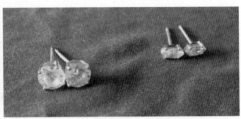

▲ 단정한 디자인의 귀걸이

16. 어떤 가방을 들고 갈까?

남자 드리머는 면접 때 가방이 크게 필요하지 않을 수 있으나 하나쯤 준비해 두는 것도 나쁘지는 않다. 직장인들의 출퇴근 모습을 보면 가방 없는 모습이 대부분이다. 하지만 업무에 따라 필요할 수 있으니 구입해야 한다면 유행을 타지 않는 서류가방 정도로 구입한다. 면접 때 가방을 소지하지 않아 이것저것을 넣은 빵빵한 지갑만큼 정장의 매무새를 흐트러뜨리는 것은 없다. 소지품이나 옷매무새에 신경이 쓰인다면 가방을 소지하자. 여자 드리머의 경우에는 작은 가방이라도 들고 가야할 것이다. 메이크업을 수정할 화장품이나 필요에 따라 바꿔 신을 구두를 넣고 다닐 가방 정도는 준비하면 좋다. 면접장에 가지고 갈 가방은 핸드백처럼 너무 작거나 쇼퍼백처럼 너무 큰 가방 보다는 중간 사이즈의 숄더백이나 토트백 정도가 무난하다.

어쩌면 가방 브랜드에 민감할 수 있다. 주변을 의식해 면접용 가방으로 고가의 브랜드 가방을 구입하는 지원자도 있을 수 있다. 물론, 취업 후 사용할 수도 있겠지만 굳이 그렇게까지 고가의 가방으로 준비할 필요는 없다. 적당한 사이즈와 단정한 디자인의 가방이라면 어떤 브랜드든 상관없다. 브랜드가 없어도 된다. 괜히 이런 것에 에너지 낭비하고 열등감을 느끼지 말자.

대학교 강의를 하러 가면 지니보다 더 고가의 가방을 착용하고 다니는 학생들을 어렵지 않게 볼 수 있다. 그 학생들을 볼 때면 도대체 어떻게 그런 가방을 구입했을까 하는 생각이 든다. 물론 선물을 받았을 수도 있다. 얼마 전 기사에서 자신의 장기를 팔아 여자 친구에게 명품가방을 선물한 남학생의 기사를 보았다. 놀라지 않을 수 없는 기사이다. 하지만 현 시대를 반영한 뉴스라고 본다. 분명한 것은 학생의 자리에서 도가 넘은 고가의 가방은 어울리지 않다. 절대로 부러운 대상도 아니고 패션리더도 아니다. 훗날 자신이 경제활동을 하면서 맬 정도가 된다고 생각하는 자리에서 매고 싶던 가방을 착용할 때 더 멋져 보이고 뿌듯하지 않을까? 상대방으로부터의 인정은 명품으로 치장한 외모가 아닌 내면에서부터 우러나는 자신감과 당당함이다. 괜한 명품으로 나의 부족함과 열등감을 채우지 말자. 고가의 명품 가방이 나를 절대로 명품으로 만들지 않는다. 고가의 가방을 매는 학생들을 나무라는 것이 아니다. 그 가방을 매도 당당할 수 있을 때 멋지게 매보자.

만만한 TIP

4학년이 되었다면 면접 복장과 이미지를 미리 준비하고 모의면접관과 학교 취업센터 전문가에게 체크 받자.

체크리스트 ▶ 면접 용모복장 10점 만점에 몇 점?

남자 드리머	○ / ×
1. 단정한 헤어스타일로 헤어제품을 이용해 정리했는가?	
2. 눈은 충혈되지 않았는가?	
3. 혈색은 건강해 보이는가?	
4. 면도는 깔끔하게 했는가?(콧털, 각질 등)	
5. 손과 손톱은 깨끗한가?	
6. 면접복장은 얼룩이나 냄새가 나지는 않는가?	
7. 꼭 맞는 정장으로 색상이나 디자인이 잘 어울리는가?	
8. 소매는 1.5cm 정도 재킷 밖으로 보이는가?	
9. 넥타이는 너무 길거나 짧지 않은가?	
10. 구두는 깨끗하게 닦여져 있는가?	
총계	

여자 드리머	O / X
1. 짧은 머리는 드라이를 하고 긴 머리는 뒤로 단정하게 묶었는가?	
2. 눈은 충혈되지 않았는가?	
3. 너무 진하지 않은 메이크업으로 적절하게 표현했는가?	
4. 손톱이 너무 길지는 않은가?	
5. 매니큐어를 칠했다면 색상은 튀지 않고 벗겨지지 않았는가?	
6. 향이 너무 짙은 향수를 뿌리지는 않았는가?	
7. 체형에 어울리는 디자인과 색상으로 선택하여 착용했는가?	
8. 과한 액세서리를 하지는 않았는가?	
9. 스타킹은 적절한 색상으로 줄이 가지 않았는가?	
10.구두는 깨끗하게 닦여져 있는가?	
총계	

대기업 인사담당자 78%, "첫인상 당락에 영향"

대기업 인사담당자 10명중 8명은 지원자의 첫인상이 당락에 영향을 미친다고 밝혀 첫인상이 취업의 중요한 변수가 되는 것으로 나타났다.

온라인 채용정보업체 헬로잡(www.hellojob.com)은 최근 매출액 100대 기업 중 63개 기업 인사담당자를 대상으로 '면접전형에 관한 인사담당자 의식조사'를 벌인 결과 이같이 나타났다고 밝혔다.

조사대상 기업은 삼성전자, LG전자, 포스코, KT, SK텔레콤, LG텔레콤, 신세계백화점, 롯데유통, 현대백화점, CJ, 롯데제과, 서울우유, 현대모비스, 삼성르노자동차, 현대건설, 대우조선, 현대카드, 외환은행, 하나은행 등이다.

조사결과, 전체 응답자의 22.2%(14개사)는 '첫인상이 당락에 심각한 영향을 준다'고 말했으며 55.5%(35개사)는 '조금 영향을 준다'고 밝혀 전체 조사대상자의 77.7%가 지원자의 첫인상에 영향을 받는 것으로 조사됐다.

반면 '영향이 없다'고 말한 응답자는 7.9%(5개사)에 불과했다.

헬로잡 관계자는 "대다수 대기업 인사담당자들이 지원자의 첫인상에 영향을 받는 것으로 나타났다"면서 "구직자들은 언행과 태도, 옷차림 등에서 면접관에게 좋은 인상을 주기 위해 신경을 써야 할 것"이라고 말했다.

– 기사출처. 연합뉴스

Chapter

05

면접 전날
체크 포인트

01. 가방에 어떤 걸 넣어가지?

1. 필기도구

메모가 가능한 필기도구를 챙긴다.

2. 스케줄러나 다이어리

메모할 수 있는 것을 준비해 필요에 따른 메모를 할 수 있도록 하자. 면접 후기를 바로 작성한다. 실수나 부족한 부분을 정리하여 다른 면접에도 참고할 수 있도록 한다. 사람은 망각의 동물이기에 생생했던 그 장면의 경험이 내 머릿속에서 사라진다. 생각하고! 메모하고! 정리하자!

3. 물

긴장하게 되면 목이 자주 마른다. 스피치를 해야 하므로 이동 중이나 대기 중에 목이 건조해지지 않도록 한다.

4. 물티슈를 준비한다

이동 중에 얼룩이 질 것을 대비해 물티슈를 준비한다.

5. 손수건

하나쯤 주머니나 가방에 넣어두자.

6. 빗

중간 중간에 흐트러진 머리를 단정하게 정리한다.

7. 바늘과 실을 준비한다

단추가 떨어지거나 실밥이 풀릴 것을 대비해 휴대용 바늘과 실을 준비해놓도록 한다.

8. 구강 청결제나 칫솔 · 치약세트를 준비한다

면접 시간이 길어질 것을 대비하여 준비한다.

9. 책

부담 없이 읽을 책이나 지니의 '만(萬)만(滿)한 취업특강'을 챙겨 이동 중이나 오랜 대기 시간에 읽기를 바란다. 대기 전의 상황별 글을 통해 다시 정리하여 마지막까지 준비하는 자세를 갖자. 면접장에 지니가 함께 갈 수는 없지만 여러분을 생각하면서 쓰는 책인 만큼 외로운 면접장에서 좋은 친구가 되어 주고 위로 받기를 바란다.

10. 여유분의 스타킹

여자 드리머의 경우 스타킹 올이 풀리는 것을 대비해 여유분의 스타킹을 준비한다.

02. 면접 전날, 자기 전 꼭 챙겨야 할 것들은?

드디어 면접 전날이다. 긴장과 초초함, 그리고 생각보다 준비를 못한 것들로 불안감도 가지고 있을 것이다. 면접 당일 소지품을 챙기려 하지 말고 전날 미리 챙겨두자. 단순한 움직임으로 잠시라도 불안함을 없애고 면접의 필승을 다져보자.

1. 면접 장소 위치 확인 및 이동 소요시간 체크

다시 한 번 면접장소를 확인하고 스마트폰 앱을 통하여 소요시간을 체크해 보도록 한다. 가능하다면 면접 장소를 시간이 날 때 미리 방문해 보는 것도 좋은 방법이다. 그 회사에 다니고 있는 선배들의 모습을 보면서 미래의 내 모습을 그릴 수도 있는 좋은 시간이 될 것이다. 정확한 이동 소요시간을 체크하되 넉넉하게 계산하여 지각하는 일은 없도록 한다. 만약 이동시간이 출근 시간대와 겹친다면 조금 더 여유 있게 움직이도록 한다.

2. 신분증

3. 수험표

4. 면접복장과 구두

세탁을 한 의상으로 다림질이나 먼지 제거 등을 마무리한 상태로 바로 입고 나갈 수 있도록 옷걸이에 걸어 놓고 구두는 깨끗하게 닦아놓는다.

면접장으로 출발하면서부터 예상되는 모든 것을 그림으로 그려본다.

THE 알아보기   당락에 영향을 미치는 면접 에티켓

채용 담당자 90% "면접 에티켓, 당락에 영향"

구직자들이 면접에서 보여주는 예절이나 태도가 당락에 큰 영향을 미친다는 조사결과가 나왔다. 취업포털 사람인이 기업 인사담당자 431명을 대상으로 조사한 결과에 따르면 응답자의 90%가 '에티켓이 합격에 영향을 미친다'고 답변했다.

이처럼 에티켓을 중시하는 이유(복수응답)로는 '입사 후 근무태도를 가늠할 수 있어서'라고 밝힌 응답자가 50.3%로 가장 많았다.

이어 '에티켓은 사회생활의 기본이라서(46.9%)', '인성이 중요하다고 생각해서(30.9%)', '입사 의지를 보여주는 것 같아서(20.9%)'등의 대답이 나왔다.

어떤 태도에 감점을 주느냐는 질문에는 가장 많은 23.2%가 '연봉 등 조건에만 관심을 보이는 태도'라고 답했다.

또 '면접시간에 지각하는 경우(22.4%)', '삐딱하고 산만한 자세(13.7%)', '성의 없는 대답(12.1%)', '회사 기본정보 파악이 부족한 경우(7.7%)', '단정하지 못한 옷차림(5.4%)', '인사를 하지 않는 경우(4.1%)'등이 감점 요인으로 꼽혔다.

사람인의 임민욱 팀장은 "사소한 버릇도 면접에서 중요하게 작용할 수 있으므로 미리 자신의 면접 태도를 꼼꼼하게 점검하는 등 대비가 필요하다"고 말했다.

– 기사출처. 연합뉴스

Part
03 만(萬)만(滿)한
면접

면접장으로 출발

01. 면접복장에 날개를 다는 것은?

면접복장을 착용할 때 많이 긴장될 것이다. 어쩌면 손이 떨려 셔츠 단추를 잠그는 것도 어려울 수 있다. 이제 피할 수 없는 시간이 되었다. 거울 앞에 선 단정한 모습의 드리머를 보면서 그 누구도 아닌 드리머 자신에게 할 말이 있다. 거울 앞에 서 보도록 한다. 눈을 맞추고 따뜻하게 웃어본다. 그리고 스스로에게 말해보자.

'그동안 준비하느라고 고생했다.', '오늘 하루 멋지게 잘 해보자!', '넌 할 수 있어!', '아자! 아자! 파이팅!'

왠지 부끄럽고 어색하겠지만 면접장으로 출발하기 전 스스로에게 힘을 불어 넣는 시간이 필요하다. 이제 모든 준비는 끝났다! 자신감과 당당함으로 면접복장에 날개를 달자!

02. 면접장으로 출발한다!

미리 알아둔 면접장소로 만약의 상황에 대비해 여유 있게 출발하도록 한다. 면접장까지 이동하는 중의 컨디션이나 기분을 잘 관리하도록 노력해야한다. 다른 날보다 긴장된 상태로 예민하겠지만 보다 너그러운 마음으로그 이후의 상황에 대처하도록 한다. 예를 들어, 이동 중 부딪히는 사람이나기분을 다소 상하게 한 사람이 있더라도 다른 날보다는 관대하게 대하도록한다. 기분이 상하면 나만 손해이기 때문이다. 평소에 좋아하는 음악을 통해 긴장을 풀면서 이동하는 것도 좋은 방법이다. 조용한 음악을 들으며 면접장의 모습을 그리거나 예상 질문들을 되새겨 보는 것도 방법이다. 주의해야 할 것은 이동 중에 꼭 필요하지 않은 전화통화는 하지 않도록 한다. 주변의 응원 전화가 더욱 부담감을 줄 수 있으며 혹 통화 중 언짢은 내용으로 기분이 다운될 수도 있다. 외국의 어떤 명강사는 강의시작 3시간 전에휴대폰 전화를 꺼놓는다고 한다. 이유인즉 그 전의 어떤 것도 강의를 하는데 있어 방해가 되어서는 안 되기 때문이다. 지니의 경험을 보더라도 강의시작 전 신경 쓰이는 통화 후에는 강의에 안 좋은 영향을 미치는 것을 알수 있다. 이제는 일명 '강사모드'라고 하여 컨디션은 물론이거니와 기분까지도 관리할 수 있도록 꼼꼼히 챙기는 편이다.

우리는 앞으로 '면접모드'를 챙기도록 하자. 너그러운 마음과 이해심 그리고 내게 초점을 둔 집중으로 보다 기분 좋은 이동이 될 수 있도록 의식적으로 노력하자.

만만한 TIP

일어나면서부터 나만의 '면접모드'를 만들어라!

03. 면접장에는 언제쯤 도착하는 게 좋지?

약속에 늦는 것이 상대방에게 얼마나 좋지 않은 인상을 주는지 굳이 말하지 않아도 알 것이다. 하물며 면접에 지각하는 것은 어떻겠는가? 일대일 면접이라면 조금의 융통성이 있을 수 있으나 그룹면접일 경우에는 지각하는 지원자를 기다리지 않고 면접이 진행된다. 서류전형을 통과하여 어렵게 얻은 기회인 만큼 한 번의 실수로 몇 년의 준비와 고생이 물거품이 되지 않도록 지각은 꼭 피해야 한다. 시작도 하기 전에 이미 면접관들에게 안 좋은 이미지를 심어주어 만회하기 어려울 수 있다. 여유 있게 도착하여 당황하는 일이 없도록 하자. 그럼, 면접장에 어느 정도 일찍 도착하는 게 좋을까? 너무 일찍 도착하게 되면 미리 도착한 지원자들 속에서 미리부터 오랜 시간 긴장을 할 수 있다. 긴장하면 몸도 굳고 생각도 원활하지 않으며 표정 또한 어색해진다. 이런 모습은 보는 이로 하여금 굉장히 경직돼 보일 것이다. 보통 면접 보는 회사의 도착안내 시간이 있다. 그 시간에 임박하게 도착하기보다는 약 30분에서 1시간 정도 면접장에 도착하여 분위기를 살펴보도록 한다.

만만한 TIP

교통상황이 어떨지 모른다. 예상 도착 시간보다 1시간 정도 여유 있게 출발하자.

04. 이미 면접은 시작됐다고?

드리머가 착각하는 것이 입사에 관련된 평가가 면접장에서만 이루어진다는 것이다. 그렇지 않다. 면접장소의 건물로 문을 열고 들어서는 순간부터, 아니 면접장소의 건물로 걸어가는 순간부터, 아니 면접장소로 가는 대중교통으로 몸을 싣는 순간 면접이 시작되었다고 생각하는 게 좋을 것이다. 혹시 방송에서 몰래카메라를 본적이 있는가? 그것처럼 누군가가 나를 보고 있고, 감시하고 있다고 생각하면 된다. 집 밖으로 나오는 순간부터 철저히 의식해야 한다. 집에서 나와 면접장으로 이동 중에는 의식하면서 걷고 행동해야 한다. 이건 마치 연예인들이 공항에서 기자들에게 촬영되는 것을 의식해 차에서 내려 탑승하기 전까지 일거수일투족을 신경 쓰는 것처럼 말이다. 뭐 그렇게 까지 해야 하나 하는 생각이 들겠지만 사람일은 모르는 것이기에 항시 대비하고 행동하도록 한다. 집밖으로 나가는 순간부터 면접 연기는 시작되었다.

몇 년 전 지니가 모 브랜드의 지점 직원들을 교육했을 때 일이다. 흩어져 있는 직원들을 모아 본사에서 서비스교육을 시행하는 날이었다. 강의 시작 전 여유 있게 도착하여 엘리베이터를 탔는데 지니 뒤로 오신 한 아저씨가 몇 개의 큰 화분을 엘리베이터에 서둘러 실으셨다. 한 겨울임에도 불구하고 아저씨의 이마에 맺혀 있는 땀이 참으로 애처로워 보여 '아저씨 열림 버튼을 눌러 드릴 테니 천천히 운반하셔도 됩니다.'라고 말씀드렸다. 그러자 그 아저씨는 고맙다고 하시며 조금은 여유를 찾으셨다. 그렇게 그 아저씨가 내리시자 지니의 옆에 서 계시던 남성분이 질문하셨다. "어느 지점의 누구인가?"라고. 알고 보니 그 분은 강의하기로 한 그 브랜드의 임원이셨다. 지니가 내릴 층이 그 브랜드의 층이었기에 지니를 당연히 그 브랜드의 직원이라고 생각하셨던 것이다.

우리는 면접관 혹은 면접장에서 만날 그 누군가를 어디서 어떻게 만날지 모른다. 면접은 면접장에서만 이루어지는 것이 아닌 집 밖으로 나가는 그 순간부터 시작되는 것임을 명심하길 바란다.

05. 긴장은 어떻게 하면 풀 수 있을까?

심리적인 변화는 곧 신체변화를 만들어낸다. 그리고 보면 몸만큼 솔직한 것도 없는 것 같다. 우리가 느끼는 기쁨과 슬픔을 다각적인 방법으로 그대로 나타내니 말이다. 그러나 이런 솔직함은 면접장에서 긴장한 드리머를 더욱 긴장하게 만들고 당황스럽게 까지 할 수 있다. 면접장에서 극도의 긴장감은 가슴 두근거림, 초조함, 진땀, 배앓이, 머리 백지화, 말 떨림 현상까지도 불러올 수 있다. 긴장은 낯선 환경에 처할 때 기대감이나 부담이 있을 때 더욱 잘 나타난다.

지금껏 지낸 날 가운데 지니에게 가장 낯선 환경은 그토록 바랐던 미국 어학연수 기간 있었던 미국이었다. 도착해서 한 달간은 1인실을 사용했는데 아침에 일어나면 혼자라는 생각에 무서워 일어나자마자 CCM을 듣고 마음을 다잡곤 했다. 긴장한 탓인지 그 당시 화장실도 얼마나 자주 갔는지 모른다.

두 번째로 기대감과 부담이 있었던 날은 바로 수능 날이었다. 시험에 대한 부담감은 전날 전쟁이라도 나면 좋겠다는 심정이었으니 더 이상 말하지 않아도 알 것이다. 수능시험 당일 고사장에 도착해 운동장을 가르며 걷는 동안 주체할 수 없게 가슴이 요동쳤던 것을 생생히 기억한다. 학교 정문에서 어머니와 헤어지고 걸어 들어가는 그 짧은 시간이 그렇게 두려웠고 참 외로웠다. 그런 느낌을 무시하기 위해 애써 웃으며 자기 체면을 지속적으로 걸었다. 중간에 만난 친구들과의 짧은 대화로 긴장을 풀고 좋은 일이 생길 거라는 생각을 하며 교실까지 걸어갔다. 그렇게 시험을 무사히 마치고 계단을 내려오는데 허무함에 눈물이 날 것만 같았다. 이 몇 시간을 위해 그동안 마음 졸이고 힘들었던 날들이 그렇게 서러웠다.

드리머는 그런 수능시험 전날을 어떻게 보냈는가? 지니는 애써 긴장감을 잊으려고 책상에 앉아 마지막 정리할 것들을 보면서 클래식 음악으로 마음을 달랬다. 누구의 전화도 받지 않았으며 그렇게 고요한 시간을 보내고 시험을 보러 갔다. 여러분들이 고등학교나 대학교 진학시험 혹은 큰 시험을 두고 긴장을 이완시켰던 경험이 있다면 떠올려 보길 바란다. 지니의 경우에는 주변 사람들을 통하여 많은 도움을 받았다. 시험 당일 지니를 위로하던 모습을 기억한다. 밤새 잠을 설친 딸을 위해 부엌에서 찬양을 하며 아침식사를 준비하고 도시락을 싸시던 어머니의 모습. 사실 밤에 약 두 시간 정도만 자서 마치 눈을 감았다 뜬 느낌으로 눈을 뜬 순간 가장 먼저 든 생각은 '망했다'였다. 하지만 어머니의 그 노랫소리가 나를 주먹 쥐게 만들었다. 아침 식사를 할 때는 – 수능공부를 제대로 안 해 불안한 딸에게 – 4년제 대학교가 아니면 어떠냐는 진심어린 위로가 정말 큰 부담을 덜어 주었다. 가족뿐만이 아니었다. 수학을 못하는 사촌동생이 걱정되어 수원에서 내려온 수학을 전공한 사촌언니. 그러한 사랑과 지지가 고사장에 혼자 들어가는 발걸음에 힘을 실어주었다. 여담으로 고사장으로 이동하는 차 안에서 사촌언니가 되짚어준 공식 중 9문제가 나와 지니는 수능시험에서 그동안 받아본 수리점수 가운데 최고의 점수를 받았다.

주변 친구들 그리고 가족들에게도 도움을 구하라. 스스로의 마인드 컨트롤이 가장 크게 좌우하겠지만 주변의 관심과 배려가 드리머에게 큰 도움과 위로가 될 것이다. 때로는 그러한 힘이 드리머가 초능력을 발휘할 수 있도록 도와줄 것이다.

그럼, 드리머가 활용할 수 있는 긴장이완법을 알아보자.

1. 복식호흡

몸의 긴장을 풀기에 가장 좋은 방법으로는 복식호흡을 추천한다. 호흡이 주는 효과는 생각보다 크다. 산모들이 출산을 대비해 연습하는 라마즈호흡법을 혹시 들어봤는가? 지니는 병원으로 가는 차 안에서 대충 보고 따라했는데도 출산의 고통을 줄이는데 큰 효과를 보았다. 이러한 호흡은 당일 급하게 하기보다는 평상시 습관처럼 하면 많은 도움이 되겠다는 생각을 그때 절실하게 했다. 면접날의 긴장을 호흡으로 잡아보자. 제대로 된 복식호흡법을 익혀 긴장되는 순간을 대비해 미리 연습해 두자.

2. 명 상

잠시라도 눈을 감고 행복했던 시간이나 즐거웠던 시간을 떠올려 본다. 만약 그런 그림이 지금까지 없다면 그동안 꿈꾸고 그렸던 미래의 예쁜 그림을 떠올리며 지금의 순간이 디딤돌이 될 수 있음을 생각하고 마인드 컨트롤 해보도록 하자. 이러한 그림을 떠올리려면 평상시 예쁜 생각을 꿈꾸었거나 그렸어야 가능하다.

3. 음악 감상

수영선수 박태환처럼 음악을 통하여 긴장을 풀고 기분전환을 해보는 건 어떨까? 지니는 시험공포증이 있었다. 특히나 수학능력 시험에 대한 공포는 그 무엇과도 바꿀 수 없었다. 얼마 전까지만 해도 스트레스를 받거나 많이 신경 쓸 일이 있으면 수능시험을 보는 꿈을 꾸곤 했다. 그렇게 수능시험은 부담이고 고통이었다. 하지만 막상 하루 전이 되니 어차피 봐야 하는 시험에 도망치고 싶은 마음은 있었으나 오히려 그 상황에 맞서 그 긴장감에서 최대한 분리될 수 있는 방법을 찾았다. 그 방법이 바로 음악이었다. 방과 후 책상에 앉아 조용한 클래식 음악을 들으며 공부내용을 정리했다. 공부를 하기보다는 마음을 가다듬고 내려놓는 시간을 가졌다. 그 어떤 때보다도 머리가 맑아지고 집중을 할 수 있었던 시간으로 기억한다.

4. 전화통화

'면접 모드' 중 불필요한 통화는 하지 말라고 했다. 하지만 주변에 내 기분을 좋게 해주는 사람이 있다면 통화할 것을 권한다. 유독 통화를 하면 기분이 좋아지고 전환이 되는 사람이 있을 것이다. 상황을 얘기하고 대화를 이어가거나 자연스럽게 대화한다. 기분 좋은 대화는 긴장을 풀어주고 답답함을 없애는 데 좋다. 하지만 너무 대화가 길어지거나 흥분할 정도까지 진행되지 않도록 한다. 기분이 좋아지는 것 이상의 흥분이 되면 쉽사리 진정이 안 되고 감정의 기복이 심해져 오히려 감당하는 데 어려움이 있을 수 있다.

만만한 TIP

나만의 탈출구를 만들어 놔야 한다. 인생에 긴장의 순간은 면접만 있는 게 아니다. 드리머에게 보다 관심을 가지고 숨을 쉴 수 있는 탈출구를 만들어 보자.

(1) 복식호흡의 효과

긴장을 이완시키고 스트레스를 줄이는 데에도 도움이 된다. 또한 신진대사를 원활하게 하여 다이어트에도 도움이 된다고 한다. 시간을 내어 운동을 하기 어려운 드리머의 경우 꾸준한 복식호흡으로 평상 시 사용하지 않은 배 근육을 사용함으로써 복부근육을 관리할 수 있고 심폐기능도 강화시킬 수 있다.

(2) 복식호흡 방법

① 편안하게 앉아 목과 어깨에 힘을 뺀다. 충분히 이완된 상태에서 호흡을 시작한다.

② 숨은 코로 들이마신다. 이때 배에 손을 대어 배가 불러오는 것을 느낀다.

③ 가득 들이마신 숨은 입을 통해 내쉰다. 내쉴 때 한 번에 내쉬기보다는 조금씩 천천히 내쉬도록 한다.

④ 모든 숨을 내뱉은 느낌이 들면 다시 반복한다.

▲ 복식호흡 하는 자세

Chapter

02

대기자세

01. 대기할 때 뭐하고 있지?

면접을 볼 건물에 도착했다면 접수처에 가서 이름을 말하고 안내받은 면접 대기실로 이동한다. 면접진행 전에 지원한 회사의 직원이 면접진행에 대한 오리엔테이션을 진행할 것이다. 궁금한 내용은 이때 질문하도록 한다. 면접 대기는 면접장이 바로 보이는 밖에서 할 수도 있고 조금은 떨어진 다른 장소에서 할 수도 있다. 안내 받은 해당 면접시간에 자리를 비워 드리머의 순서가 지나가는 일은 없도록 해야 한다.

대기 시 할 수 있는 것에 대해서 정리해 보자.

1. 마음을 다잡는다

중요한 것은 그동안 지켜온 '면접모드'를 지키되 그 순간을 가능한 즐기라고 말하고 싶다. 즐기라는 말이 어폐가 될 수 있으나 면접장에서 대기하는 지원자라면 누구나 긴장을 한다. 나만 긴장하는 게 아니므로 스스로를 위로하고 그 순간 나에게 집중하도록 하자. 긴장과 설렘 그리고 저 문턱만 넘으면 그토록 기다리던 사회인으로서 첫발을 내딛을 수 있다는 기대감으로 심장이 요동치는 것을 즐겨라. 그 자체도 언젠가는 추억으로 자리 잡을 때가 있을 것이다. 가능한 긍정의 마인드 컨트롤로 침착하게 대기하도록 한다.

2. 밝은 미소와 바른 자세로 조용히 대기한다

면접의 순간순간에도 최선을 다해 후회가 없도록 하자. 면접장에서는 온화하고 따뜻한 미소를 짓는다. 긴장이 되는 순간이기에 애써 미소를 지을 수 있도록 노력해야 한다. 어차피 면접관 앞에서 밝은 미소를 지으려고 하지 않는가? 미리부터 얼굴 근육도 풀 겸 연습해 두자. 무엇보다 중요한 것은 표정 다음으로 바른 자세이다. 앉은 자세와 선 자세가 흐트러지지 않고 바르도록 신경 쓰자. 대기 중에도 면접장 관련자에게 좋은 인상을 심어주도록 하자. 입사 후 어디에서 만나게 될지 모른다.

3. 비치되어 있는 홍보물이나 간행물을 본다

회사에 따라 대기실에 회사 홍보물이나 간행물 등을 비치해 놓는 곳이 있다. 준비한 것 이상의 회사 관련 정보나 유익한 내용이 있을 수 있으므로 주변 읽을거리에 관심을 두자.

4. 책 또는 신문을 본다

미리 준비해 간 책이나 신문을 보도록 한다. 오랜 시간 대기할 수도 있기에 만약의 경우를 대비해 읽을거리 하나 정도는 지참하는 게 좋다. 신문의 경우에는 일면의 헤드라인이나 이슈 등을 먼저 보도록 한다. 책이나 신문을 보면서 시간이 지나 마음의 안정을 얻었다면 준비한 예상 질문에 대한 답변을 되새길 수 있는 시간을 가지면 좋다. 잠시 후면 실전 면접이 진행되기에 준비 못한 답변을 그 짧은 시간에 준비하기에는 무리가 있으나 준비한 답변을 차분히 정리하는 시간은 가질 수 있다. 앞선 지원자들을 통해 유출된 질문을 들을 기회가 있다면 나름의 답변을 정리해 보는 것도 좋다.

다음은 대기실에서 하지 말아야할 행동을 정리한 것이다. 평상시 드리머의 모습에 해당되는 것은 없는지 살펴 실수하지 않도록 한다.

드리머가 해서는 안 되는 대기실 Worst 10

1. 휴대폰을 만진다
일상처럼 짬이 주어지면 습관적으로 휴대폰을 만지작거리는 지원자를 볼 수 있다. 혹은 초조함을 달래기 위해 게임을 하는 지원자도 있다. 시간을 보내거나 단순한 생각을 할 수 있어 도움은 되겠지만 주변 사람들에게는 결코 좋은 인상을 주지 못한다. 친구들과 메시지를 주고받거나 SNS를 하기보다는 혼자만의 시간을 갖도록 한다. 휴대폰은 진동보다는 전원을 꺼놓는 편이 낫다.

2. 음악을 큰 소리로 듣는다
음악은 이동 중에 '면접모드' 용도로만 사용하고 면접장에 도착하기 전 음악은 듣지 않도록 한다. 혹여나 자신을 호명하는 소리나 공지사항을 듣지 못하고 놓치는 경우가 발생할 수 있다. 또한 큰 음악소리는 주변 지원자에게도 피해를 줄 수 있으므로 조심하도록 한다.

3. 다른 지원자와 큰 소리로 잡담한다
동병상련의 마음으로, 긴장 속에서 만난 동지애로 대화가 잘 통할 것이다. 마음의 긴장을 푸는 데에는 대화만한 게 없을 수 있으나 필요 이상의 대화로 서로 웃거나 주변 지원자에게 피해를 주지 않도록 한다. 대기실에서 만나 같이 면접을 본 지원자들이 함께 입사를 하게 되면 그보다 반가운 것은 없을 것이다. 하지만 그 전에 어떻게 될지 모를 일에 대해서 미리 흥분을 하거나 오버하면서 상황극을 만들 필요는 없다.

4. 큰 소리로 전화통화를 한다
어렵고 힘이 들 때 큰 힘이 되는 친구의 목소리가 그 어느 때보다도 듣고 싶은 시간일 것이다. 하지만 대기실에서는 전화통화를 통해 신세한탄이나 신변 잡다한 얘기를 풀어놓지 않도록 한다. 전화통화에 몰입해 나도 모르게 목소리가 커지거나 긴장이 풀려 육두문자가 섞인 말투로 주변 사람들이 눈살 찌푸리는 일은 없어야 한다.

5. 껌을 소리 내어 씹거나 음식물을 먹는다

일상에서는 대수롭지 않게 들리는 소리도 예민해져 있을 때에는 민감하게 들리는 경우가 있다. 바로 껌 씹는 소리이다. 입을 벌리고 '딱딱' 소리를 내며 껌을 씹는 모습은 건방져 보이고 단정해 보이지 않는다. 또한 많은 이들이 있는 곳에서 음식 냄새를 풍기며 먹는 모습도 좋지 않게 보인다. 끼니를 대기실에서 간단하게라도 해결하거나 다른 것들을 통해 군것질하는 일은 없도록 하자.

6. 다리를 떤다

본인도 모르게 다른 것에 집중하거나 영상물을 볼 때 다리를 떠는 사람이 있다. 습관이나 버릇은 어느 순간 나도 모르게 나타날 수 있으므로 항상 신경 써서 조심해야 한다. 다리를 떠는 모습은 주위가 산만해 보이고 단정하지 않은 이미지를 줄 수 있다.

7. 자리에 앉아 있지 못하고 계속 움직인다

드리머 가운데 한 자리에 가만히 앉아 있지 못하고 일어나 계속 움직이거나 안절부절 못하는 사람이 있다. 이는 굉장히 불안해 보이고 산만해 보인다. 대기 시간 확인이나 순서 등 정보 확인을 마쳤다면 차분히 앉아 본인의 순서를 기다리도록 하자.

8. 다리를 꼬거나 삐딱한 자세로 대기한다

다리를 꼬는 모습은 바른 자세에 좋지 않을뿐더러 보는 이로 하여금 예의바라 보이지 않는다. 보이는 자세가 나의 인성을 대변할 수도 있기에 무심코 하는 행동이나 제스처 하나도 주의를 기울이도록 한다.

9. 면접보고 나오는 다른 지원자를 쫓아가서 면접에 대해 질문한다

대기실에 있는 지원자라면 누구나 앞서 진행된 면접에서의 질문과 유형이 궁금하다. 하지만 그렇다고 하여 면접을 보고 나온 지원자를 쫓아가면서까지 면접분위기나 질문에 대해 물어보는 일은 없도록 하자. 그러한 모습은 지원자의 열정이 아닌 주책으로 보인다. 하지만 화장실이나 이동 중에 들을 수 있는 면접장의 정보는 귀담아 듣도록 한다.

10. 졸거나 잠을 자지 않는다

면접 전날 숙면을 취하는 지원자는 드물 것이다. 그렇다고 하여 대기 시간에 잠을 청하거나 조는 일이 있어서는 안 된다. 대기 시간이 길어지면서 대기실의 분위기에 적응이 되어 긴장이 풀리는 경우가 있다. 그러나 면접이 끝나는 그 순간까지 긴장의 끈을 놓지 말아야 한다. 만약 졸다 일어나서 바로 면접장에 들어간다면 그 모습과 내 머리 속의 상태는 어떻겠는가?

02. 이름을 부르면 대답은 어떻게 해야 할까?

드리머의 이름이 호명되면 "네"라고 정확하게 대답하도록 하여 대기 중임을 분명하게 알리도록 한다. 여자 드리머의 경우 애써 예쁜 목소리를 내려고 하지 않아도 된다. 남자 드리머의 경우에는 군대처럼 너무 박력 있는 목소리로 답하기 보다는 당당함과 자신감이 찬 목소리로 대답하도록 한다.

03. 문 바로 앞에서는 어떻게 해야 하지?

드디어 본 게임이 시작되기 전이다. 이제 그 문만 열고 들어가면 그토록 오고 싶었던, 하지만 대기 중에는 오지 않기를 바랐던 모순의 시간이다. 앞 조가 면접을 보고 있을 때에는 보통 문밖에 서거나 복도 의자에 앉아 대기하게 된다. 앞 조가 퇴실하고 나면 직원의 안내를 받아 바로 문 앞에서 입실을 기다린다. 입실 사인을 주면 맨 앞의 지원자는 노크를 2~3번 정도 하고 입실한다. 이때 잡음이나 불필요한 소리를 내지 않도록 하며 특히나 잡담이나 피식 웃는 등 장난스럽거나 진지하지 못한 모습은 피해야 한다. 어깨를 펴고 당당한 모습으로 대기한다. 밝은 미소는 필수이다.

만만한 TIP

면접대기실에서는 해야 할 것보다는 하지 말아야 할 것이 많다. 호명되는 그 순간까지 긴장의 끈을 놓지 말고 바른 자세를 유지하자.

- 최근효과 : 시간적으로 나중에 제시된 정보에 의해서 영향을 받는 효과
- 초두효과 : 최초의 인상이 중심이 되어 전체인상이 형성되는 효과
- 대조효과 : 최근에 주어진 정보와 비교하여 판단하는 효과
- 후광효과 : 외모나 지명도 또는 학력과 같이 어떤 사람이 갖고 있는 장점이나 매력 때문에 관찰하기 어려운 성격적인 특성도 좋게 평가되는 효과
- 악마효과 : 싫은 사람이라는 인상이 형성되면 그 사람의 다른 측면까지도 부정적으로 평가되는 효과
- 방사효과 : 매력 있는 사람과 함께 사회적 지위나 자존심이 고양되는 효과
- 대비효과 : 너무 매력적인 상대와 함께 있으면 그 사람과 비교되어 평가 절하되는 효과
- 투영효과 : 판단을 함에 있어서 자신과 비교하여 남을 평가하는 효과
- 스테레오 타입 : 스테레오타입은 고정관념을 형성하는 여러 가지 선입관 중에서 특별한 경우를 일컬을 때 사용하는 용어로 한두 가지 사례를 보고 집단 전체를 평가해 버리는 경우
- 최소량의 법칙 : 그 사람에 대한 평가는 그 사람이 가진 장점보다는 그 사람이 가진 단점에 의해 제어된다는 법칙

Chapter 03

입실자세

01. 입장하고 인사는 언제 할까?

입실하면서 의자가 놓여 있는(혹은 표시가 되어 있는) 곳까지 그냥 걸어 들어가기 보다는 문에 들어서면서 면접관들에게 간단한 목례를 한다. 그 후 면접관 앞에 서서 스태프가 지명해 준 지원자(혹은 처음으로 들어간 지원자)가 차렷, 인사라고 하면 그때 단체인사를 하는 것이다.

02. 면접관 앞까지 어떻게 워킹하지?

면접에서는 드리머의 행동을 통해 자신감과 당당함을 보여 업무도 적극적으로 잘 수행할 수 있는 준비된 인재임을 보여야 한다. 그 모습을 보여줄 수 있는 첫 번째 기회가 바로 워킹이다. 면접 장소에 따라 워킹 거리가 몇 보 혹은 몇 미터를 걸어 들어갈 수도 있으므로 신경을 써야한다.

면접관 앞까지 걸어 들어가기

- 고개를 숙이지 않는다

  고개를 숙이고 걸으면 자신감이 없어 보일 수 있으므로 고개를 들어 앞을 보고 걷는다.

- 미소를 짓는다

  얼굴에는 또렷한 눈빛과 밝은 미소를 갖는다.

- 목과 허리를 편다

  정장을 입고 목과 허리를 구부리고 구부정하게 걸으면 매우 볼품없어 보인다. 목과 허리를 곧게 세우고 바로 걷는다.

- 팔을 자연스럽게 흔든다

  워킹연습을 할 때 드물게 팔과 발이 함께 나가는 사람이 있다. 이것처럼 웃긴 광경이 없다. 긴장을 하면 뜻밖의 모습으로 더 당황할 수 있으므로 무심코 걷는 워킹도 신경을 써야 한다. 팔은 재봉 선에 스치도록 흔들며 걷는다.

- 보폭을 조절한다

  빨리 걸어 앞 지원자의 신발을 밟지 않도록 하며 느리게 걸어 앞, 뒤 사람과 거리가 벌어지지 않도록 한다.

- 신발을 끌거나 큰 소리 내어 걷지 않는다

  조용할 때 유난히 거슬리는 걸음소리가 있다. 신발을 끌면서 걷는 것과 구두 굽 소리를 크게 내고 걷는 소리이다.

- 불필요한 행동을 하지 않는다

  주변을 두리번거리며 걷는다거나 어깨를 흔들고 팔을 만지는 등 불필요한 행동을 하지 않는다.

만만한 TIP

워킹만으로도 자신의 성향을 나타낼 수 있으므로 꼭 체크해 본다.

- 전신이 보이는 거울 앞에서 한다.
- 시선은 자연스럽게 앞을 본다.
- 허리에 손을 얹고 걸어본다.
- 발뒤꿈치가 먼저 닿도록 걷는다.
- 팔자걸음이 아닌 11자로 걷되 여자 드리머는 무릎이 스치도록 걷는다.
- 팔을 자연스럽게 앞·뒤로 흔든다.
- 어깨는 앞·뒤로 흔들지 않는다.
- 안 좋은 버릇은 없는지 확인한다.
- 카메라나 사진을 통해 걷는 모습을 촬영하여 피드백 한다.

Chapter 04

면접자세

01. 어떤 자세로 서있어야 하지?

군대를 다녀온 남자 드리머라면 각을 잡고 서 있는 자세를 취하는 게 어렵지 않을 수 있으나 그렇지 않은 여자 드리머의 경우에는 다소 어려울 수 있다. 면접에서의 선 자세는 평상시 취하지 않기 때문에 어색한 자세이므로 연습이 필요하다. 그룹면접에서 면접관에게 처음으로 전체적인 모습을 보이며 시선접촉을 할 수 있는 중요한 순간인 만큼 바른 자세로 좋은 인상을 주고 당당하게 비춰질 수 있도록 연습해 보자.

남자 드리머

- 시선은 상대방의 미간을 향한다.
- 턱은 들지 않는다.
- 목과 허리는 바로 세운다.

- 팔은 바지 재봉선 위에 올려놓는다.
- 다리는 어깨 넓이가 아닌 허리 넓이로 벌린다.

여자 드리머

- 시선은 상대방의 미간을 향한다.
- 턱은 들지 않는다.
- 목과 허리는 바로 세운다.
- 두 손은 공수한다.

공수자세는 여자 드리머의 오른손이 위로 가게 포개어 놓아 예의 갖춘 자세를 말한다. 오른손이 왼손을 살짝 감싸도 되고 그냥 ×자로 겹쳐놓아도 된다. 공수한 두 손은 신장에 따라 위·아래를 조정하며 배에 올려놓는다. 이때 손톱이 보일 수 있으므로 단정해 보이게 정리하는 게 좋다.

- 엉덩이와 다리에 힘을 주어 최대한 곧은 자세를 유지한다.
- 마름모꼴 모양의 팔의 양 옆 부분은 주먹 하나가 들어갈 정도로 벌린다. 이때 옆구리 뒤쪽으로 붙여 휘어지거나 너무 넓게 벌리지 않는다.
- 두 다리를 붙인다.

두 다리를 붙이고 서 있는 자세는 보기에는 단정하고 정숙해 보이나 막상 자세를 취하고 있는 사람은 불편하다. 자세 취하는 방법은 알고 보면 크게 어렵지 않은데 자신의 몸에 익숙해지기까지는 연습이 필요하다. 단순히 두 다리만 붙이는 것이 아니라 허벅지부터 무릎까지 힘주어 붙이도록 하며 두 다리의 종아리도 안쪽 방향으로 끌어당겨 가능한 일직선이 되도록 붙이는 게 곧아 보인다.

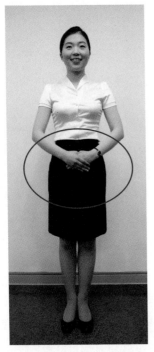

▲ 여자 지원자의 선자세

▲ 여자 지원자의 공수자세

02. 면접관 앞에서 인사는 어떻게 하지?

    모든 지원자가 면접관 앞에 섰다면 첫 번째로 입장한 지원자의 구령에 맞춰 함께 정중한 인사를 하면 된다. 면접관에게는 정중한 인사로 허리를 45도 정도 굽혀 예를 갖추도록 한다. 정중한 인사는 익숙하지 않은 인사법으로 충분히 연습하여 몸에 배도록 한다. 스튜어디스 아카데미를 수강하게 되면 매일 같이 연습하는 게 바로 인사자세이다. 그만큼 익숙해지는 데에는 시간과 노력이 필요하다. 남자 드리머는 선 자세에서 다리를 붙이고 뒤꿈치를 모아 신장에 따라 발의 앞부분을 30~45도가량 벌린다. 이때 신장이 클수록 발을 넓게 벌린다. 여자 드리머는 공수한 상태에서 허리를 숙이면 된다. 이때 주의할 점은 허리를 숙이면서 양 팔을 몸에 가져다 붙여 구부러지거나 벌어지면 안 된다. 올바른 인사법을 갖춰 면접뿐만 아니라 입사 후에도 좋은 인상을 주도록 하자. 거울을 보면서 연습을 하거나 동영상 촬영을 통하여 피드백 한다.

만만한 TIP

학교에서 진행하는 모의면접이나 취업면접 수업에 참여해 피드백 받도록 한다. 여의치 않을 때에는 인터넷에서 동영상을 검색하여 바른 인사자세를 확인하여 연습해 둔다.

▲ 여자 지원자의 선 자세   ▲ 여자 지원자의 정중한 인사 자세

03. 의자에 어떻게 앉지?

인사를 마친 후 면접관이 앉으라고 말씀을 하면 뒤에 배치되어 있는 의자에 앉으면 된다. 이때 거리조절을 잘 하여 소리 나게 끌어당기거나 넘어지는 실수를 하지 말아야 한다.

남자 드리머

뒤를 보면서 의자의 위치를 파악한 다음 한 발을 뒤로 하여 앉으면 된다. 다리는 적당한 거리로 벌리고 양 손은 양 다리에 자연스럽게 주먹을 쥐어 올려놓도록 한다. 앉았을 때에는 허리를 구부정하게 굽히기 보다는 목과 허리를 바로 펴서 곧게 앉는다.

　여자 드리머의 경우에는 앉을 때 치마를 쓸어내리며 앉는다. 양 손은 다리 허벅지 사이에 올려놓아 치마를 살짝 누른다. 목과 허리는 바로 세우고 어깨도 편다. 다리는 무릎을 붙이고 11자로 세워 앉는다.

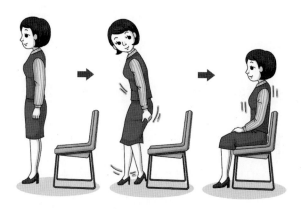

▲ 앉는 순서

▲ 여성 지원자의 앉은 자세

04. 면접관 정면, 너무 떨리는데 어떻게 하지?

면접관은 드리머를 해치거나 겁을 주는 사람이 아니라 취업이라는 길로 안내하기 위한 역할을 수행하는 사람이라고 했다. 드리머와 같은 사람이다. 미래의 상사 그리고 선배가 될 수도 있는 사람이다. 숨을 크게 들이 마시고 정신 차리자. 밝은 미소와 함께 면접관의 질문에 대답할 준비를 하자.

05. 면접 보는 동안 어디를 봐야 할까?

1. 드리머가 답변할 때

드리머에게 질문하는 면접관을 바라본다. 이때 아이컨택이 중요하다. 면접관의 눈을 보지 않고 벽을 바라보거나 눈동자를 굴리는 등 불안한 모습을 보이지 않도록 하자. 면접관의 눈을 직접 바라보는 게 많이 부담스럽다면 면접관의 미간을 보는 것도 방법이다. 드리머의 눈빛은 열정을 표현해내야 한다. 드리머가 이 자리를 얼마나 간절하게 원하는지 살아 있는 눈빛으로 면접관에게 말해야 한다. 질문을 하는 면접관을 중심으로 아이컨택하되 답변이 길어질 때는 질문한 면접관의 옆에 앉아 있는 다른 면접관과도 아이컨택을 하는 게 좋다.

2. 다른 지원자가 답변할 때

드리머 앞에 있는 여러 명의 면접관을 골고루 쳐다봐야 한다. 천장이나 바닥을 봐서는 절대로 안 된다. 짧은 면접시간 동안 드리머가 스피치하는 시간은 적기 때문에 눈을 통해서라도 합격에 대한 분명한 메시지를 보내야 한다. 답변을 하고 있는 지원자나 옆의 지원자는 면접관이 지목을 해서 봐야 하는 특별한 경우를 제외하고는 보지 않는 게 좋다. 면접관에게 집중하자.

- 부드러운 시선으로 상대방을 바라본다.
- 상대방을 긴 시간동안 봐야 하는 경우에는 빤히 쳐다보기 보다는 미간과 콧잔등을 자연스럽게 보면 부담을 덜 수 있다.
- 나와 마주보고 있지 않은 끝 쪽의 사람을 볼 때에는 눈동자뿐만 아니라 몸도 함께 돌려 시선을 맞추도록 한다.
- 곁눈질을 하지 않는다.
- 눈을 너무 깜박거리지 않는다.

아이컨택을 하지 않을 때

- 자신감 없어 보인다.
- 신뢰감이 떨어져 보인다.
- 전문성이 떨어져 보인다.
- 냉정해 보인다.

만만한 TIP

끌어당김의 법칙! 면접관만을 향한 열정적인 눈빛은 면접관으로 하여금 드리머를 분명 보게 만들 것이다.

THE 알아보기   올바른 인사법

(1) 인사의 포인트
① 나이와 직책을 떠나 내가 먼저 한다.
② T.P.O(Time, Place, Occasion)에 따라 적절한 인사를 한다.
③ 호칭과 함께 인사한다.
④ 미소와 함께 한다.

(2) 인사방법
① 몸의 긴장을 푼다.
② 목과 허리를 편다.
③ 시선은 상대방을 향한다.
④ 미소와 함께 인사말을 한다.
⑤ 상체를 상황에 맞는 각도로 머리, 등, 허리가 일직선이 되도록 허리부터 숙인다.

⑥ 숙이고는 잠시 1초 정도 멈춘다.

⑦ 숙일 때보다 조금 천천히 상체를 든다.

⑧ 미소를 유지한 상태로 바로 선서 상대방을 본다.

(3) 상황별 인사 종류

가벼운 인사	• 인사 각도는 15도 • 시선은 전방 3m • 상사를 두 번 이상 복도에서 만날 때 • 동료나 아랫사람을 복도나 엘리베이터 등 좁은 공간에서 만났을 때
보통 인사	• 인사 각도는 30도 • 시선은 전방 2m • 윗사람이나 내방객을 만나거나 헤어질 때 • 지시 또는 보고 후
정중한 인사	• 인사 각도는 45도 • 시선은 전방 1m • 깊은 감사나 사과의 표현을 할 때 • 공식석상이나 높은 분을 만났을 때 등

(4) 잘못된 인사자세

① 고개만 까딱하는 인사

② 하는 둥 마는 둥 하는 인사

③ 억지로 하는 인사

④ 무표정한 인사

⑤ 턱을 드는 인사자세

⑥ 허리를 구부정하게 구부리는 자세

⑦ 엉덩이를 뒤로 빼는 자세

⑧ 너무 빠르거나 느린 속도의 인사

⑨ 고개를 들면서 머리카락을 함께 쓸어 올리는 행동

고개만 까딱하는 인사

턱을 쳐드는 인사

공손이 지나친 인사

고개를 옆으로 숙이는 인사

▲ 잘못된 인사

Chapter
05

면접 표정관리

01. 표정관리가 안 되는데 어떻게 하지?

표정관리가 안 되는 게 당연하다. 평가 받는 자리인 부담스러운 면접장에서 일면식도 없는 낯선 사람 앞에서 스피치를 해야 하니 말이다. 면접장에 있는 모든 지원자들은 긴장되고 가능하다면 그 자리를 벗어나고 싶을 것이다. 하지만 취업을 위해서는 거쳐야 하는 과정임을 알기에 그 부담감을 이겨내고 잘 감당하고자 하는 게 지원자들의 마음이 아닐까?

어차피 이 상황을 벗어날 수도 대충 할 수도 없다. 그러니 애써 노력해 표정 연출을 해보자. 안정된 눈빛과 온화한 미소로 면접관을 바라보자. 그리고 눈빛으로 말하자! '저 준비됐습니다. 질문 주십시오.'라고. 당황스러운 순간에도 자신감과 미소를 잊지 말자. 눈도 웃는다는 느낌으로 따뜻한 눈빛을 유지하여 웃자. 아주 배짱이 있거나 무대체질이 아닌 이상 자연스러운 표정 연출은 어려우므로 가능한대로 모의면접을 통하여 연습을 해두는 수밖에 없다.

02. 면접 때 좋은 인상은 어떻게 주지?

면접관에게 좋은 인상을 줄 수 있는 방법은 밝은 표정과 바른 자세이다.

밝은 표정은 입실하면서부터 더욱 환하게 짓도록 하고 면접관을 바라볼 때와 답변할 때에도 미소를 유지할 수 있도록 한다. 바른 자세는 입실할 때 목례를 하고 당당하고 자신감 넘치는 워킹에서부터 시작된다. 올바른 인사 예절과 앉은 자세로 바른 태도를 유지하고 성실하고 신뢰감을 주는 자세로 답변하는 모습에서 면접관에게 호감을 주고 좋은 인상을 줄 수 있다.

지니가 취업관련 수업을 할 때 표정연습을 할 때면 의외로 학생들이 어색해하고 어려워하는 모습을 볼 수 있다. 요즘 젊은 세대는 블로그나 SNS에 익숙해져있어 셀프사진을 자주 찍는다. 커피숍에 있다 보면 젊은 친구들이 셀프사진이나 그룹사진을 찍는 모습을 어렵지 않게 볼 수 있다. 하지만 셀프사진용 미소와 면접용 미소는 엄연히 콘셉트가 다르다. 셀프사진은 소위 얼짱 각도를 유지하며 애써 예쁜 모습을 연출하며 찍지만 면접관 앞에서 이런 콘셉트의 미소를 지으면 큰일 날 일이다. 면접관 앞에서는 당당함과 자신감으로 무장한 밝은 미소를 지어야 한다. '저는 당신을 좋아 합니다'라는 느낌으로 미소를 짓고 면접관을 바라본다. 이때 미소를 나타내는 눈빛과 낯빛은 밝아서 보는 이로 하여금 기분이 좋아지는 미소여야 한다.

미소를 짓는 것이 자신의 얼굴에 익숙해지도록 연습해야 한다. 아침에 일어나자마자 얼굴 근육운동을 하고 미소를 지어본다. 엘리베이터나 이동 중에도 생각나는 대로 미소를 짓는다. 꼭 거울을 보고 연습해보자.

만만한 TIP

미소를 능가하는 화장술은 없다.

(1) 미소의 힘

① 인상이 좋아 보인다.

② 자신감이 있어 보인다.

③ 여유 있어 보인다.

④ 거부감을 덜 갖게 한다.

⑤ 마음을 움직일 수 있다.

⑥ 유쾌하게 만든다.

(2) 미소 만들기 트레이닝

① 눈썹 연습 : 눈썹 위에 집게손가락을 일직선 모양으로 가까이 하고 눈썹을 위아래로 5번 반복한다.

② 눈동자 굴리기 : 눈동자를 각각 오른쪽과 왼쪽으로 굴린다.

③ 입 안에 공기를 가득 넣고 위 - 아래 - 오른쪽 - 왼쪽을 반복한다.

④ 입을 크게 벌리고 아 - 에 - 이 - 오 - 우 소리 낸다.

⑤ 위 · 아래 입술을 '푸~'하고 떤다.

Chapter
06

면접 질의응답

01. 리딩(Reading)으로 면접관을 리딩(Leading) 하라

'지피지기면 백전불태! 면접관 바로 알기'에서 면접관에 대해 알아보았다. 면접관은 지원한 기업의 우수인재 채용과 드리머의 취업을 연결해 줄 수 있는 매개체이자 평가자이다. 이런 역할을 수행하는 평가자의 공통 행동방식을 읽을 수 있다면 면접 현장에서 보다 현명하게 대처할 수 있을 것이다. 면접관의 제스처를 통해 드리머에게 보다 자세한 답변을 원하는지, 그만 답을 했으면 하는 지루함을 나타내는지 등 면접관의 상태를 읽을 수 있다. 이러한 면접관의 제스처를 통해 면접관의 상태와 바람을 읽으면서 상태에 따라 답변 내용이나 시간 조절 등을 할 수 있다. 면접관의 부정적인 심정을 파악했을 때는 당황하기보다는 본래의 페이스를 유지하여 답변을 잘 마무리 하도록 한다. 면접관의 제스처를 통해 상태를 읽을 수 있는 내용은 면접 질의응답 파트의 'The 알아보기, 면접관 제스처의 숨겨진 신호'를 통해 알아보자. 면접장에서 면접관이 보일 수 있는 제스처를 통해 리딩 (Reading)으로 면접관을 리딩(Leading)해 보자.

02. 옆 지원자의 자기소개서가 어떻게 나랑 비슷하지?

자기소개서에 쓰는 항목은 대게 비슷하다. 그 비슷한 항목에 내용까지 비슷한 자기소개서를 수없이 보고 듣는 면접관은 얼마나 지루하겠는가? 그렇게 많이 본 듯한 자기소개서를 쓴 지원자는 만나기도 전 관심대상에서 멀어진다.

자기소개서는 나만의 내용으로 독창적으로 써야 한다고 했다. 하지만 적지 않은 지원자가 인터넷 검색을 통해 쉽게 얻을 수 있는 카페나 책에서 우수 자기소개서의 내용을 인용해 작성하는 경우가 있다. 이런 지원자가 한 명이 아니란 말이다. 또 하나의 이유는 일상적인 소재를 너무나도 평범하게 풀어썼기 때문이다.

■ 옆에 있는 지원자와 다르게 쓰기 위한 방법을 알아보자
• 나의 강점과 특성을 나만의 에피소드를 통하여 설득하도록 하자
적임자임을 표현하는 관용어는 같을지라도 에피소드가 같은 경우는 흔치 않다. 짧지만 강한 인상을 줄 수 있는 에피소드를 발굴하는 데 애를 쓰고 다듬자.
• 글 쓰는 연습을 하자
요즘은 짧게라도 글을 쓸 수 있는 환경에 놓여있다. 휴대폰으로 문자를 자주 주고받으며 채팅을 한다. 그뿐만 아니라 블로그나 SNS에 나의 생각과 주관에 관한 글을 올릴 수도 있다.
지니의 경우에는 칼럼이나 기타 글 쓸 일이 있으면 부담이 많이 되어 쉽게 쓰지 못하던 시절이 있었다. 물론 지금도 쉽지 않은 일임은 틀림없지만 전보다는 부담이 덜 되고 조금은 수월하게 풀어가는 것을 느낄 수 있다. 그동안 미니홈피나 블로그에 포스팅 하는데 기울인 시간이 고스란히 묻어나 보다 쉽게 할 수 있다.

작문실력을 키우자고 책상에 앉아 글 쓰는 데 많은 시간을 투자한다면 며칠 못가 중단할 것이다. 의욕에 앞서 처음부터 욕심을 부리기보다는 쉽게 할 수 있는 것부터 시작해보자. 휴대폰 문자로 시작해서 → SNS에 짧은 생각을 써보고 → 블로그에 좀 더 긴 글로 내 생각을 적어보자. 점차 글의 길이를 늘이면서 글 안에 서론 – 본론 – 결론의 전개를 포함하도록 해보자. 개인에 따라 차이가 있지만 시간이 흐르면 흐를수록 글을 쓰는 게 자연스러워지고 부담이 덜한 것을 느끼게 될 것이다. 또한 내 이야기를 나만의 방법을 풀어서 쓰게 될 것이다.

03. 면접관의 질문을 이해 못 하겠어

면접관이 영어가 아닌 한국말로 질문을 했음에도 불구하고 이해가 어렵거나 안 될 때가 있다. 이럴 경우에는 이해하고 알아들은 척하며 엉뚱한 대답을 하기 보다는 다시 질문해 줄 것을 요청하는 게 좋다. 어떻게든 답변하고 싶은 적극적인 모습을 보이도록 한다. 질문을 이해 못한 부분에서는 감점이 될 수 있지만 적극적인 태도를 통해 만회할 수도 있다. 면접관의 모든 질문에 대해 정확하게 답하는 것은 어렵지만 지원한 곳의 예상 질문과 이슈에 대해서 철저히 준비하여 성실하고 책임감 있게 답변할 수 있도록 한다.

면접관의 질문을 잘 못 듣는 경우도 있을 것이다. 이때는 다시 한 번 질문해 줄 것을 정중하게 요청한다. 하지만 이럴 경우에는 면접관의 질문을 경청하지 않고 다른 생각을 하거나 집중하지 않는다고 판단할 수 있다. 다른 지원자가 답을 할 시간에도 긴장을 늦추지 않아 면접관의 질문을 놓치는 일이 없어야 한다.

04. 준비한 질문이 안 나와

예상 질문이나 자신 있는 질문이 나오지 않는다고 하여 실망하거나 당황스러운 모습을 보이기보다는 주어진 질문에 최선을 다해 답변하는 자세가 중요하다. 밝은 표정과 바른 자세를 유지하며 끝까지 희망의 끈을 놓지 말자.

05. 드디어 예상 질문이 나왔어

예상 질문이 나오면 그것처럼 반가운 일이 없다. 그러나 예상했던 질문이 나왔다고 해서 티가 나게 웃거나 흥분한 모습을 보여서는 안 된다. 전과 다르지 않은 모습으로 준비한 대답을 명확하게 답할 수 있도록 하자. 드리머가 흥분할 경우에는 호흡이 빨라지면서 말의 속도도 빨라질 수 있다. 준비한 질문을 차분히 답변할 수 있도록 본래의 페이스를 유지하도록 한다.

06. 준비한 답변을 어떻게 대답하지?

미리 외운 게 표시가 나지 않도록 자연스럽게 답변해야 한다. 이때 시선은 면접관을 향해야 한다. 면접관이 사선으로 있을 경우에는 눈만 돌려 자칫 째려보는 것처럼 보일 수 있으니 주의해야 한다. 여러 명의 지원자와 함께 서있을 때, 양 끝의 면접관이 질문할 경우에는 발의 방향을 면접관을 향해 돌리고, 앉아있는 경우에는 상체를 돌려 면접관을 향해 아이컨택 하며 답변한다.

답변 시 주의해야 할 사항을 정리해 보자

- 질문한 면접관과 시선을 교환한다.
- 밝은 표정을 유지한다.
- 곁눈질하거나 흘겨보지 않도록 한다.
- 눈동자를 굴리지 않는다.
- 말이 빨라지지 않도록 한다.
- 처음과 끝이 분명하게 말한다.
- 적절한 제스처로 생기를 더한다.
- 불필요한 행동을 함으로써 어수선해 보이지 않도록 한다.

면접 기술 연마 TIP

다른 지원자가 답변을 할 때는 머릿속으로는 드리머의 답변을 준비하더라도 겉으로는 경청하는 자세를 보이도록 한다. 또한 눈의 초점을 잃지 말고 밝은 표정을 유지하도록 애쓴다.

THE 알아보기　　　　　　　　　　　　　　　　구직자 면접 실수 1위

구직자 면접 실수 1위 '동문서답'

구직자들은 면접에서 가장 흔히 하는 실수는 질문에 맞지 않은 답을 하는 '동문서답'인 것으로 나타났다.

온라인 취업사이트 사람인(www.saramin.co.kr)에 따르면 최근 자사회원 중 구직자 1천 599명을 상대로 '면접에서 실수한 적이 있는가'를 물은 결과 응답자의 80.1%가 '그렇다'고 답했다.

이들이 면접에서 한 실수(복수응답)로는 면접관의 질문 요지를 파악하지 못하고 엉뚱한 답을 하는 '동문서답(42.2%)'이 1순위로 꼽혔다.

이어 '말 더듬기(38.3%)', '작고 떨리는 목소리(35.4%)', '어색한 시선 처리(29.6%)', '질문에 대답 못하기(15.2%)', '손·발을 떠는 등 불안한 태도(14.0%)'등의 순으로 나타났다.

면접에서 실수한 뒤 어떻게 대처했는가에 대해서는 '실수를 인정하고 다시 대답했다'는 응답이 36.5%로 가장 많았고 '자연스럽게 웃으며 넘겼다 (28.6%)', '당황해서 아무것도 못했다(19.7%)', '포기하는 심정으로 나머지 면접에 대충 임했다(11.1%)'등이 뒤를 이었다.

이밖에 면접에서 실수했던 경험이 있다는 응답자의 42.2%는 면접에서 실수를 하고도 합격했던 경험이 있다고 답했다.

– 기사출처, 연합뉴스

07. 말 잘하는 방법은 없나?

말을 잘 하는 것은 분명 면접에 도움이 된다. 하지만 단지 말을 잘한다고 해서 면접관에게 좋은 점수를 받는 것은 아니다. 번지르르한 말보다는 답변하는 말의 진솔함과 설득력에 면접관은 더 큰 점수를 줄 수 있다. 드리머의 생각을 바른 화법으로 말할 수 있도록 하자. 그리고 말을 표현하는 방법에 관심을 가져 지속적으로 훈련하자.

스피치 스킬

- 스피치 준비하기
  - 정확한 발음을 연습한다.
  - T.P.O에 따른 음량을 조절할 수 있어야 한다.
  - 발표불안증을 극복해야 한다.
  - 표정과 시선처리를 연습한다.
  - 자연스러운 제스처를 연습한다.
  - 서론, 본론, 결론의 이야기 구성을 할 수 있어야 한다.
- 효과적인 스피치 방법
  - 철저한 준비로 두려움을 극복하라.
  - 단순한 언어를 사용하라.
  - 목소리에 힘이 있고 부드럽게 하라.
  - 목소리에 변화를 주어라.

- 집중을 더하는 스피치
  - 적절한 속도의 스피치
  - 음성의 고저강약이 있는 스피치
  - 포즈가 있는 스피치
  - 감정이입이 있는 스피치
  - 적절한 제스처
  - 근거 있는 에피소드

08. 어떤 목소리가 좋을까?

  예전에는 솔 톤이 가장 상냥하고 듣기에 좋다고 했다. 중저음의 낮은 목소리보다 듣기에 좋은 것은 분명하다. 하지만 인위적으로 만든 목소리는 소리를 내는 나도 부자연스럽고 듣는 면접관도 불편할 수가 있다. 미리 드리머의 목소리 톤을 파악하여 적절한 톤을 준비할 필요가 있다. 톤이 높으면 밝은 인상을 줄 수는 있지만 가벼워 보일 수 있으며, 톤이 낮으면 차분해 보일 수는 있으나 의욕이 없고 우울한 사람으로 비춰질 수도 있다. 면접장에서 말을 할 때에는 본인의 평소 톤보다 한 음 정도 높여 상냥하고 밝은 인상을 줄 수 있도록 하다. 이때 얼굴 표정이 밝으면 자연스럽게 톤은 높아진다. 거울을 보면서 눈과 입이 함께 웃어 밝은 톤을 유지하며 말할 수 있도록 연습하자. 단, 억지스러운 미소와 음성은 지양한다.

09. 대답할 때 손은 어떻게 하지?

  필요한 경우에만 제스처를 한다. 필요 이상의 제스처는 산만한 인상을 줄수 있으니 꼭 답변하는 자세를 촬영하여 피드백 한다.

10. 나한테는 질문을 안 해

유형별 면접파트에서 설명한 것처럼 드리머에게 질문을 하고 안 하는 것에 너무 민감할 필요가 없다. 신경은 쓰이겠지만 표정이나 눈빛으로 불안감과 실망감을 나타내지 않도록 한다. 끝까지 긴장감을 늦추지 말고 질문을 기다려 보자. 끝까지 기다렸던 질문을 안 한다 해도 긍정의 마인드로 최선을 다한다.

11. 다른 지원자의 대답이 너무 웃긴데 웃어도 되나?

간혹 면접을 보다가 다른 지원자의 대답이 정말 웃길 때가 있다. 너무 웃긴데 면접관이 드리머가 웃는 모습을 어떻게 평가할지 몰라서 이렇다 할 행동을 하기란 쉽지 않다. 이미 너무 웃겨서 눈에서는 눈물이 나서 참기 힘든데 말이다. 웃어야 할 것인가? 이를 물고 참아야 할 것인가? 우선 분위기를 파악해야 한다. 면접관이 웃고 있는지를 확인해야 한다. 면접관은 무표정으로 별 반응을 하지 않는데 지원자만 신나게 웃으면 안 된다. 어디를 가든 분위기를 파악하는 센서는 켜고 있어야 한다. 특히 사회생활에서는 더 말할 나위가 없다. 면접관이 함께 웃는다면 면접관의 이목을 끌지 않는 범위 내에서 웃으면 된다. 이때 낄낄거리면서 웃거나 배꼽을 잡고 소리를 내면서 요란한 모습으로 웃기 보다는 이를 드러내고 환하게 웃는 편이 보기에도 낫다. 면접관과 다른 지원자들은 웃고 있는데 드리머만 무관심한 척 차갑게 쳐다보지 말자. 그 분위기에 자연스럽게 동화되도록 한다. 그런 드리머의 반응을 통해 공감능력과 대인관계능력도 보여줄 수 있다. 회사생활은 조직생활임을 기억해야 한다.

12. 면접관 표정이 심상치 않은데?

면접관이 표정이 안 좋은 것에 대한 이유는 명확하게 알 수도 있고 모를 수도 있다. 면접관의 표정을 참고하면서 답변의 방향이나 내용을 수정할 수는 있으나 너무 눈치 볼 필요는 없다. 면접관의 표정에 전적으로 의지할 필요는 없다는 것이다. 면접관도 사람이기에 드리머의 답변이 아닌 다른 상황으로 표정이나 기분이 안 좋은 것일 수도 있다. 들어왔던 문으로 다시 나가는 그 순간까지 드리머는 밝은 표정과 자신감으로 무장해 면접에 임해야 한다.

만만한 TIP

말은 나의 생각을 담는 그릇이고 자세는 나의 의지를 담는 그릇이다.

(1) 좋아요

① 면접관은 드리머에게 호감을 가지거나 의견에 동의할 때 상체를 테이블 앞으로 숙여 친밀감을 나타낸다.

② 머리를 기울인다.

③ 환하게 웃으며 응시한다.

(2) 싫어요

① 드리머에게 좋지 않은 인상을 가졌거나 답변에 동의하지 않을 때 면접관의 상체를 뒤로 젖힌다.

② 실눈을 뜬 상태로 눈을 찌푸린다.

③ 손으로 눈을 가린다.

④ 콧잔등을 주름지게 모은다.

(3) 듣고 싶지 않아요

눈을 감거나 천장을 바라본다.

(4) 스트레스 받아요

① 목에 손을 대거나 주무른다.

② 볼에 공기를 가득 넣고 밖으로 빼낸다.

③ 목 부분의 셔츠를 뒤로 당겨 통풍 시킨다.

④ 입술 안으로 넣어 보이지 않게 한다.

⑤ 눈이나 이마에 주름이 지거나 일그러진다.

⑥ 양손을 깍지 낀다.

퇴실자세

01. 면접이 끝나면 인사는 어떻게 하고 나오지?

드디어 모든 지원자들의 질의 응답시간이 끝났다. 면접이 거의 끝났다. 끝난 것이 아니라 '거의' 끝난 것이다. 이제 마무리만 잘 하면 된다. 최근효과란 시간적으로 나중에 제시된 정보에 의해서 영향을 받는 효과를 말한다. 즉, 드리머의 가장 최근의 인상이 이미지를 형성하는 데 영향을 준다는 것이다. 처음만큼이나 나중도 중요하다.

입실하여 처음 인사를 한 것과 같이 첫 번째 지원자가 구령을 외치면 45도 정중한 인사를 하고 방향을 틀어 걸어 나오면 된다. 면접 중 질문에 대한 답을 제대로 못하고 드리머를 바라보는 면접관의 표정이 차갑다고 해서 고개를 푹 숙이고 어깨가 처진 상태에서 퇴실하지 말자. 끝까지 당당하고 자신감을 가진 모습으로 최선을 다하자. 결과는 아직 모른다. 뚜껑은 열어 봐야 안다. 모두 잘 했는데 퇴실하는 자세에서 감점되면 되겠는가? 유종의 미를 거두자.

드리머가 퇴실할 때까지 면접관을 드리머의 모습에서 눈을 떼지 않는다고 생각하고 끝까지 자신감으로 최선을 다하자.

Chapter
08

면접정리

01. 다리에 힘이 풀려서 못 걸어 나오겠는데?

모든 질의응답을 마치고 퇴실하라고 할 때 이때 드리머는 정신을 바짝 차리고 다시 한 번 마음을 다잡아야 한다. 긴장을 많이 한 지원자는 퇴실하면서 다리에 힘이 풀려 비틀거리거나 다양한 실수를 하는 경우가 있다. 면접이 끝났다는 생각에 긴장이 풀리면서 힘이 빠질 수 있다. 하지만 아직 면접은 끝나지 않았다. 긴장의 끈을 놓지 말고 끝까지 최선을 다하자. 퇴실했다고 하더라도 안심을 해서는 안 된다. 복도나 계단에서의 대화나 통화내용도 면접관이 들을 수 있다고 생각하고 끝까지 조심하는 게 좋다. 집으로 가는 교통편에 몸을 실었을 때, 그때 면접이 끝났다고 생각하자.

02. 끝난 면접 생각할 게 뭐 있을까?

취업을 위한 면접이 이번이 마지막이었으면 좋겠지만 불합격됐을 때에는 또다시 면접을 봐야 한다. 생각만 해도 끔찍한가? 처음 본 면접에서 합격을 하는 지원자가 많지 않은 것을 생각할 때 드리머에게도 닥칠 수 있는 일임을 생각해두자.

스스로 오늘의 면접을 피드백 해보자. 귀가하는 동안 건물을 들어서면서부터의 모든 기억을 되돌려 모든 면접 프로세스를 회상하며 곱씹어보기 바란다. 드리머 자신은 잘한 점과 부족한 점 그리고 수정 · 보완해야 할 점을 누구보다 잘 안다. 학창시절 공부를 잘 하는 학생은 오답노트를 잘 활용한다. 꼼꼼히 점검하여 같은 문제에서 틀리지 않는다. 면접을 볼 때마다 오답노트를 만들어 개선되고 발전된 나를 만들어 가자.

Part 04 만(萬)만(滿)한 면접 정리

Chapter
01

만만한 면접 정리

01. 면접 오답노트 만들기

시험 볼 때 안타까웠던 순간 중 하나는 지난 번 시험 때 틀린 문제의 정답을 모르는 상태에서 또 다른 시험에서 같은 문제를 봤을 때이다. 오답만 정확히 확인했어도 정답을 맞힐 수 있는 기회였는데 말이다. 면접도 마찬가지이다. 면접을 봤다면 당락을 떠나 당일의 오답노트를 만들자. 복장, 행동, 자세, 답변 등으로 나누어 정리하여 잘한 것은 지속하고 부족한 것은 보완해 다음 면접을 준비하자. 만약 보완해야 할 부분을 잘 모르겠다면 만만한 취업특강 파트별로 확인해야 할 부분이나 체크리스트를 통해 점검해 보자.

02. 불합격이라고 읽고 반전이라고 생각한다

실패는 성공의 어머니란 말이 있지 않은가? 면접에 불합격했다는 것만으로 실패했다고는 할 수 없다. 하지만 당사자인 드리머는 실패자 같은 느낌으로 좌절감, 회의감, 배신감 등으로 괴로울 수 있을 것이다. 드리머가 지원한 회사에 한 번에 합격하여 조금은 쉽게 취업하면 좋을 수도 있으나 어렵게 얻어지는 것은 그만큼 귀하게 여길 수 있다. 불합격을 통해 드리머가 지원한 회사나 분야에 과연 잘 맞는지 다시 한 번 심사숙고 할 수 있는 시간도 될 것이다. 어느 정도의 시간이 지나 불합격의 충격에서 벗어났다면 그 불합격의 원인과 결과에 대해서 철저하게 분석하는 시간을 가져야 한다. 그래서 다시는 같은 실수나 원인으로 면접에 불합격하는 일이 없도록 철저하게 준비해야 한다.

지니도 삼성에버랜드 서비스강사가 되기 전에 이름만 대면 알 수 있는 큰 회사에 지원했다가 서류전형에 탈락한 적이 있다. 그 당시에는 실망감과 좌절감이 너무 커서 힘들었으나 그 곳에 불합격 했기에 삼성 에버랜드에 입사지원을 할 수 있었다. 그뿐인가? 삼성 에버랜드를 퇴사하고 몇 년이 지나 다른 곳에도 지원했으나 면접에서 불합격한 경우도 있다. 그 당시에도 서운함이 컸지만 되돌아보면 그 곳에 안 가길 천만다행이라는 생각을 했다. 그렇다. 불합격은 또 다른 시작을 알리는 신호이다. 보다 더 좋은 곳 혹은 내게 더 잘 어울리는 곳으로의 초대라고 생각하면 된다. 단, 이러한 반전이 있으려면 불합격한 시간 이후로 나만의 필살기를 가지고 준비해야 한다. 면접에 불합격했는가? 괜찮다. 그보다 멋진 반전이 뒤에 기다리고 있을 것이다. 개봉박두!

부록

· 만화로 보는 면접 프로세스

만화로 보는 면접 프로세스

면접 진행 방법

면접장 도착 → 대기실 대기 → 호명 및 문 앞 대기 → 입실 → 서서 대기 및 인사 → 질의응답 → 퇴실

- 면접장 도착 -

- 대기실 대기 -

- 호명 및 문 앞 대기 -

- 입 실 -

- 서서 대기 및 인사 -

– 질의응답 –

– 퇴 실 –

EPILOGUE
모든 일에는 메시지가 있다.

지난 일을 생각할 때 만족보다는 아쉬움이 남는다고 하는 사람이 많을 것이다. 그동안 우리에게 있었던 도전이나 상황에 대한 결과에 온전히 만족하는 사람은 몇 명이나 될까? 특히 내가 경험했던 힘들고 어려웠던 일들에 대해서는 어떠한가? 아쉬움이라고 하기에는 부족하고 어쩌면 원망이나 상처가 되었을 수도 있다. 왜 내게 일어났는지 납득이 안 되고 괴로워했던 시간은 감사보다는 불평이 클 수도 있을 것이다. 그게 학업일 수도 있고 가족 문제나 건강 혹은 이성 간의 일이었을 수도 있다.

하지만 인생에 우연이란 없는 법! 지금까지 드리머가 경험한 모든 것들에는 나름의 메시지가 있다. 여기에서 지니가 말하는 '메시지'라는 것은 교훈이나 깨달음을 말한다. 그리고 누군가에게는 백신이 될 수 있는 것을 말한다. 나에게 건강에 어려움이 생겼다면 건강의 중요성, 그리고 인생 전반에 대해서 생각하는 계기가 될 수 있다. 경제적인 어려움에 처해 있다면 돈의 가치와 경제적으로 어려운 상황에 있는 사람에 대한 마음가짐이 달라지며 그들을 직접적으로 도울 수 있는 방법도 그 누구보다 잘 알아 나중에 도울 수 있다. 부모님 혹은 이성으로부터의 일로 상처가 있다면 나와 같은 아픔이 있는 사람들에게 위로가 되어줄 수 있다. 온갖 고난을 딛고 일어난 사람의 이야기, 특히 나와 같은 어려움을 극복한 사람의 이야기를 접할 때 더 깊이 공감하고 힘을 얻지 않는가?

어떠한 어려움이 있거나 내 뜻대로 되지 않을 때 '내가 무엇을 잘못했지?'가 아니라 '왜 내게 이런 일이 일어나는 것일까?'라고 생각을 하면 좋겠다. 지금 일어나고 있는 일에 대해서 정신없이 당하고 있는 것이 아니라 잠시 멈추고 묵상하는 시간을 가지길 바란다.

지니는 삼성 에버랜드 입사 전, 막막한 상황에서 지원했던 모 백화점 강사모집의 서류전형에서 탈락했기 때문에 삼성 에버랜드에 지원할 수 있었다. 퇴사 후 시간이 흘러 나름대로 희망했던 기업의 각각의 포지션에 입사가 될 뻔도 하였으나 아쉽게도 성사가 되지 않는 상황을 경험하면서 나름대로 주는 메시지를 알게 되었다. 당장은 너무나도 아쉽고 안타까웠지만 그 일로 가장 위로가 되었던 것은 그런 포지션에서도 일할 수 있는 자격조건이 되는 것을 알게 되었기 때문에 전보다 큰 자신감으로 일을 할 수 있게 되었다는 것이다. 그리고 결과적으로는 그 모든 회사에 입사하지 않은 것이 보다 잘된 것임을 나중에 알게 되었다.

한 곳만을 바라보고 취업을 준비했는데 결과가 좋지 않은가? 혹은 꼭 입사하고 싶은 회사가 있었는데 서류에서조차 불합격했는가?

괜찮다. 그 순간은 쓰리고 좌절도 되고 원망도 되겠지만 시간이 지나면 알게 될 것이다. 그때의 결과로 살고 있는 지금이 차선책이 아닌 최선책이라는 것을.

드리머가 처한 결과나 상황에 보다 자유로워지길 바란다. 지원한 회사에 불합격 했는가? 드리머의 잠재력과 가능성을 해당하는 곳에서 몰라주는 것일 수도 있고 보다 좋은 기회가 뒤에 있을 수도 있다. 끝까지 최선을 다했는데 생각했던 결과가 나오지 않았다면 이렇게 말하라. "아님, 말고." 훗날 결과적으로 아쉬운 것은 드리머가 아니라 해당 회사일 것이라고 당차고 새침한 말투로 말하라. 이 말은 드리머의 주체성과 자신감을 표현하는 말이다.

모든 일에는 메시지가 있다. 좋은 일은 좋은 일대로, 나쁜 일은 나쁜 일대로 내게 주고자 하는 메시지가 무엇인지 간파하여 보다 행복한 삶을 살기를 바란다.

| 생각의 틀 전환하기 정답

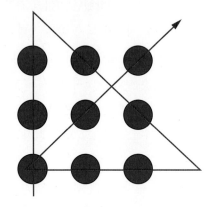

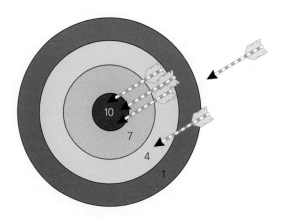

┃참고문헌

- 헤럴드경제
- 서울신문
- 연합뉴스
- 잡이룸 참고자료
- 하영목 · 최은석(2008), 「면접프레젠테이션 완전정복」, 팜파스
- 스티븐 챈들러(옮긴이 오종윤)(2005), 「꿈을 이루어주는 102가지 특별한 선물」, (주)국일출판사
- 김은성(2007), 「마음을 사로잡는 파워스피치」, (주)위즈덤하우스
- 손언영(2007), 「면접관들이 선호하는 0순위 자기소개서 · 이력서 쓰기」, 랜덤하우스코리아(주)
- 정연아(2000), 「성공의 법칙 이미지를 경영하라」, (주)도서출판 넥서스 조 내버로, 마빈 칼린스(옮긴이 박정길)(2010), 「FBI 행동의 심리학」, (주)웅진싱크빅
- 취업뽀개기 편집위원회(2010), 「면접 상식사전」, (주)도서출판 길벗
- 전미옥 · 윤종현 · 박하영(2007), 「취업면접 마스터하기」, 시스컴출판사
- 이정주 (2007), 「취업의 기술」, 늘푸른소나무
- 김원동 · 이동하(2008, 「무한도전 성공면접」, 책과사람들
- 김준영(2010), 「취업면접비법」, 크라운출판사
- 정경호(2011), 「면접 서바이벌」, 미다스북스
- 김용환(2006), 「상대를 사로잡는 면접의 기술」, 버들미디어
- 서형준(2008), 「면접의 정석」, 도서출판 부 · 키
- CS리더스 관리연구소(2011), 「CS Leaders 관리사」, (주)시대고시기획

■ 강의 문의 및 요청

- 홈페이지 : http://www.i-visioncs.com
- 전 화 : 010-2268-4358
- 카톡플러스 친구 : 아이비전 컨설팅

■ 블로그 : https://blog.naver.com/allaboutks

네이버 〈강의쟁이 신혜련〉 검색

■ 신혜련 대표 프로필

現) i-vision consulting(아이비전 컨설팅) 대표
강사디자인스쿨 대표
아이비전 면접사관학교 대표
정화예술대학교 외래교수

前) 시대평생교육원 CS리더스 관리사, 서비스(CS)전문강사 주임교수
(주)삼성 에버랜드 서비스강사
삼성그룹 대표 콜센터 상담원 교육 및 영어상담 전담
예사 스튜어디스 아카데미 영어 인터뷰 강사

■ 주요경력

대전 KBS 아침마당 스피치디렉터 출연 2018
한경TV '취업의 기술을 Job아라!'10회 방송
마술사 최현우와 충청북도 공감톡톡 취업콘서트
금천구청 일자리카페 취업프로그램 진행 등 다수

■ 아이비전 컨설팅 취업교육 커리큘럼

단과 과정

분 류	과정명
취업이해	채용동향 및 인재상, 취업마인드 고취
적성검사	진단을 통한 진로탐색, 직무적성 검사 및 분석
이미지 메이킹	면접 이미지 메이킹, 면접 복장, 면접 메이크업, 면접 매너, 비즈니스 매너, 퍼스널컬러 진단
스피치/ 커뮤니케이션	이력서 및 자기소개서, 면접 스피치, 자신감 배양 스피치, 보이스 트레이닝, 프레젠테이션 면접, 소통
리더십	비전수립, 셀프 리더십, 펀 리더십, 브랜드 이미지 메이킹, 커리어 개발
모의면접	실전 모의면접 및 피드백
야외활동	극기 훈련, 명랑운동회, 단합의 밤, 캠프파이어
외국어	영어캠프, 영어면접, 제 2 외국어 면접
창의력	창의력 개발
성교육	성희롱 예방 성교육

캠프 과정

	과 정	과정 특징
취 업 캠 프	진로 탐색 캠프	저학년 대상의 진로 탐색 및 커리어 개발
	직무적성 분석 캠프	직무적성 파악을 통한 맞춤형 취업 준비
	실전 면접 캠프	한국어 + 영어 모의 면접 + 프레젠테이션 면접
	CS 취업 캠프	서비스 관련 학과의 CS트레이닝 캠프 항공운항과 / 병원 / 호텔 등
	종합 취업 캠프	이력서, 취업전략, 모의면접 등 취업준비 A~Z

테마캠프	비전 / 리더십 캠프	비전과 목표 수립 및 실천방안을 통한 성공적인 미래 설계 과정
	여학생 커리어 캠프	직무적성 파악을 통한 맞춤형 취업 준비 과정
	스피치 캠프	면접 스피치 + 프레젠테이션 면접 준비 과정
	학습력 향상 캠프	학습력 향상을 위한 학습력을 기르는 과정
	봉사 캠프	봉사단체와 결연하여 프로그램 1일~2박 3일 프로그램

강의 현장